Effektvolles Gestalten durch Marmorieren

SOLVEIG STONE

Effektvolles Gestalten durch Marmorieren

Eine praktische Einführung
in die Kunst des Marmorierens

Techniken • Projekte • Gestaltungsideen

MOSAIK VERLAG

Für Humprey, Angelica, Emily, Lucy und Clementine

Die Originalausgabe erschien 1993 unter dem Titel
Decorative Marbling
bei Merehurst Limited, London
© 1993 Merehurst Limited, London
Redaktion: Miren Lopategui
Layout: Lisa Tai
Fotos: Di Lewis (Seiten 4, 7, 22–25, 64–67)
Jon Bouchier (alle anderen Fotos)
Illustrationen: Paul Dewhurst

Der Mosaik Verlag ist ein Unternehmen
der Verlagsgruppe Bertelsmann

© 1995 für die deutsche Ausgabe Mosaik Verlag GmbH, München
Übersetzung: Ursula Bischoff, München
Satz: Filmsatz Schröter, München
Printed and bound in Singapore
ISBN 3-576-10448-8

INHALT

EINFÜHRUNG   6

WERKZEUG UND MATERIAL   10

GRUNDLEGENDE TECHNIKEN   18

PROJEKTE   40

Geschenkpapier   42

Bleistiftbehältnis und Bleistifte   44

Grußkarten   46

Briefmappe und Briefpapier   48

Dekoratives Tablett   52

Bilderrahmen   54

Hutschachtel   56

Kerzenschirm   60

Plissierter Lampenschirm   64

Patchwork-Paravent   68

Tischset und Untersetzer   72

Seidentuch   76

REGISTER   78

DANKSAGUNG   79

Einführung

Die Geschichte des Marmorierens

Marmorieren ist ein uraltes Kunsthandwerk, das bis zu Beginn unseres Jahrhunderts geheimnisumwoben blieb. Die älteste Spielart des Marmorierens stellten die Suminagashi-Papiere (was soviel wie »schwimmende Tinte« bedeutet) dar; sie stammen aus Japan und lassen sich auf das 12. Jahrhundert zurückdatieren. Hier wurde das Wissen von einer Generation zur nächsten weitergegeben; es entsprach der Tradition, nur jeweils einen Nachkommen in die Geheimnisse der Herstellung einzuweihen. Über mehrere Jahrhunderte blieb der Gebrauch von Marmorpapier allein dem Kaiserhaus vorbehalten.

Die eigentliche, dokumentierte Technik des Marmorierens, *Ebru* genannt, entstand im 15. Jahrhundert im Orient. Hierbei wurden dem Wasser erstmals leimhaltige Stoffe zugesetzt; dieser Marmoriergrund ermöglichte mehr Kontrolle über die Farben und ist Grundlage der heutigen, modernen Marmoriertechniken. Über die geschichtlichen Anfänge ist indessen wenig bekannt, außer daß die *Ebru*-Papiere Mitte des 16. Jahrhunderts über die Seidenstraßen nach Europa gelangten und von Sammlern hochgeschätzt wurden. Die Kunsthandwerker sollen nach Italien gereist sein, dort Werkstätten eröffnet und den Einheimischen das Wissen um die geheimen Marmoriertechniken vermittelt haben. Von dort gelangte es bald nach Frankreich, Deutschland und in die Niederlande.

In England faßte das Handwerk nur langsam Fuß und wurde erst im 19. Jahrhundert zu einer bedeutenden Industrie, als das erste Buch über Marmoriertechniken erschien. 1853 vom Verlag Woolnought veröffentlicht, löste es zunächst Bestürzung aus, daß die bisher wohlgehüteten Geheimnisse schließlich doch preisgegeben wurden. Bis zu diesem Zeitpunkt hatten die Meister ihre Kenntnisse keinem ihrer Lehrlinge vollständig anvertraut. Die Burschen stammten aus den Armenhäusern vor Ort; der eine lernte Farben zuzubereiten, ein anderer Papier zu polieren und der nächste, einige wenige Muster zu entwickeln. In unserem Jahrhundert wurde dieses Kunsthandwerk in England buchstäblich im Alleingang lebendig gehalten, von den Buchbindern und Marmorier-Künstlern Cockerell and Sons.

Seit den 70er Jahren erfreut sich das Marmorieren neuer Beliebt-

Marmorieren, ein uraltes Kunsthandwerk, erlebt heute eine Renaissance.

heit. Die kunstvollen Techniken werden nicht nur von Buchbindern angewendet, sondern auch zunehmend von Designern und Herstellern geschätzt. Ich selbst entwerfe heute eine Fülle der unterschiedlichsten Projekte – angefangen von Grußkarten bis hin zu Schachteln für Kleenextücher, die man im Supermarkt kaufen kann, und sogar Kondom-Verpackungen!

Die Faszination, die davon ausgeht, schwimmende Tinte oder Farben auf Papier zu übertragen, spricht alle Altersgruppen an. Das Verfahren birgt seine ureigene Magie. Das Marmorieren bietet ungeahnte Freiheit, mit Farben zu experimentieren, und man erzielt sofort Ergebnisse. Da ich von Haus aus ungeduldig bin, übte das Marmorieren aus eben diesem Grund großen Reiz auf mich aus.

Die Geschichte von Compton Marbling

Mein Interesse am Marmorieren begann vor mehr als 20 Jahren. Mein Mann Humphrey war zum Art Director der Standford University Press ernannt worden, und wir lebten als Jungvermählte in Nordkalifornien. Während ich auf eine Arbeitserlaubnis wartete, verbrachte ich Stunden damit, Campus und Bibliothek der Universität zu erforschen. Dort stieß ich auf eine Vorsatzpapier-Sammlung von Cobden-Sanderson, viktorianische Zeitgenossen des englischen Kunsthandwerkers und Schriftstellers William Morris. Ich war auf Anhieb fasziniert von den herrlichen marmorierten Vorsatzblättern und war versessen darauf, die Technik zu erlernen, obwohl ich nie eine Kunstschule besucht hatte.

Ich mußte indes noch einige Jahre warten, bis wir nach England zurückkehrten und ich mein Vorhaben verwirklichen und anfangen konnte. Ich begann, durch Experimente zu lernen, die einzige Möglichkeit, die es gibt. Farbpigmente sind unberechenbar und tückisch: Sie haben die frustrierende Angewohnheit, sich gegenseitig zu beeinflussen, und ich mußte außerdem lernen, welche Bedeutung der Temperatur zukommt. Zum Glück besitzt mein Mann ein messerscharfes Auge. Er war inzwischen für *The Compton Press* tätig, wo es zu meinem Erstaunen einen Raum zum Marmorieren gab. Daß ich beharrlich weiter experimentierte, habe ich Humphreys Unterstützung – und den Terminen für das Marmorierpapier von *The Compton Press* zu verdanken. Es sollte jedoch noch Jahre dauern, bis ich beim Betreten der Marmorierwerkstatt wußte, daß ich die Farben voll unter Kontrolle hatte. Merkwürdigerweise übte die Marmorierkunst trotz aller Schwierigkeiten eine nahezu zwanghafte Anziehungskraft auf mich aus, und obwohl der Tag manchmal außerordentlich frustrierend verlief, mochte ich am Abend oft nicht aufhören.

1973 und 1975 legte ich kurze Pausen ein, als unsere Töchter Angelica und Emily geboren wurden. Bis zur Geburt von Angelica war ich ziemlich fest entschlossen, das Marmorieren aufzugeben. Wie konnte ich eine Familie versorgen, den Haushalt führen und obendrein noch Termine einhalten? Sechs Wochen später stand ich jedoch wieder am Marmorierbecken; der Alltag hatte mich wieder. Ich arbeitete, wenn die Kinder schliefen oder im Sommer draußen vor meinem Fenster spielten.

Die Wende kam, als Caroline Mann, deren Mann bei *Compton Press* beschäftigt war, mit mir zu marmorieren anfing. Dadurch erhöhte sich unsere Produktivität erheblich. Sobald ich eine Schicht im Schuppen beendete, begann sie mit der Arbeit. Wir blieben ein Team, bis sie ihr erstes Kind bekam und wie ich das Bedürfnis hatte, im eigenen Garten einen »Marmorierschuppen« einzurichten.

1979 durften wir an der ersten Kunsthandwerksmesse in Chelsea teilnehmen. Damals fertigten wir rund 20000 Bögen Marmorpapier im Jahr und hatten gerade begonnen, unsere eigene Produktpalette damit zu dekorieren. Heute befinden sich mehr als 70 mit Marmorpapier geschmückte Produkte in unserem Programm, vom Lampenschirm bis zu CD-Behältnissen. Heute stellen wir regelmäßig auf Messen aus, und auf den Export entfällt ein hoher Anteil unseres Umsatzes. Aufgrund der rasanten Entwicklung mußte ich als erstes die einzelnen Entwicklungsschritte jedes Musters schriftlich festhalten und sowohl die Reihenfolge des Farbauftrags als auch die Zusammensetzung von Hintergrund- und Restfarben notieren. Heute entwickle ich ständig neue Muster, und meine Skala umfaßt seit kurzem auch Gold, Bronze und Silber. Die jahrelange Erfahrung und Praxis helfen mir, auf den ersten Blick zu erkennen, wie jedes einzelne Farbergebnis zustande gekommen ist. Marmorieren hat mir stets ungeheuer großen Spaß gemacht. Ich hoffe von ganzem Herzen, daß Ihnen dieser kleine Leitfaden als Anregung und Hilfe dient, Ihren eigenen Stil zu entwickeln, und daß es Ihnen ebensoviel Freude bereitet wie mir, mit Farben und Formen zu experimentieren.

Werkzeug und Material

Marmorieren ist ein ideales Kunsthandwerk für Anfänger, weil die meisten Werkzeuge und Materialien überall erhältlich und preiswert sind. Weil es keine starren Regeln gibt, können Sie vieles zweckentfremden, was sich in jedem Haushalt findet. Das abgebildete Material ist für das Marmorieren mit Ölfarben geeignet.

Werkzeug und Material

Marmorieren stellt eine phantastische Möglichkeit dar, der eigenen Persönlichkeit Ausdruck zu verleihen. Leider bringt es aber auch viel Schmutz mit sich, und deshalb sollten Sie als erstes einen geeigneten Arbeitsplatz finden. Sie brauchen einen Tisch, der genug Abstellfläche für Farbtiegel und Pinsel bietet und möglichst in einem freien Bereich steht. Es empfiehlt sich, den Fußboden mit Malerfolie abzudecken und, falls der Tisch vor einer Wand steht, auch diese zu schützen. Die Farbe spritzt überallhin!

Die besten Ergebnisse erzielen Sie, wenn die Raumtemperatur richtig ist. Ideal wäre ein leicht feuchter, kühler und staubfreier Raum, z.B. ein Schuppen. Sie brauchen unbedingt Frischluftzufuhr, um den Dämpfen des Terpentinersatzes zu entgehen, den Sie zum Verdünnen der Farben benötigen. Wenn Sie wasserlösliche Farben benutzen, ist außerdem ein Waschbecken oder Außenhahn in der Nähe erforderlich, um das Marmorierpapier unter klarem Wasser zu spülen.

Sobald die Vorbedingungen erfüllt sind, können Sie sich auf die Spezialausrüstung konzentrieren. Auf dieser Seite sind die Grundmaterialien für das Marmorieren mit Öl- und Wasserfarben abgebildet. Sie brauchen zusätzliche Kämme, wenn Sie mit komplizierteren Mustern experimentieren wollen.

Alaun

Alaunlösung wird mit dem Schwamm auf das mit wasserlöslichen Farben marmorierte Papier getupft, damit es die Farben richtig absorbiert. Bei Verwendung von Ölfarben ist dieser Arbeitsschritt nicht nötig. (Sie brauchen einen Schwamm, um die

Schlüssel

1 Marmorierwanne
2 Cocktailstäbchen (zum Verziehen der Farbe)
3 Ochsengalle
4 Terpentinersatz
5 Tapeziernägel und Kamm
6 Tiegel zum Mischen der Farben
7 Farben
8 Pinsel
9 Alaun
10 verschiedene Papiere

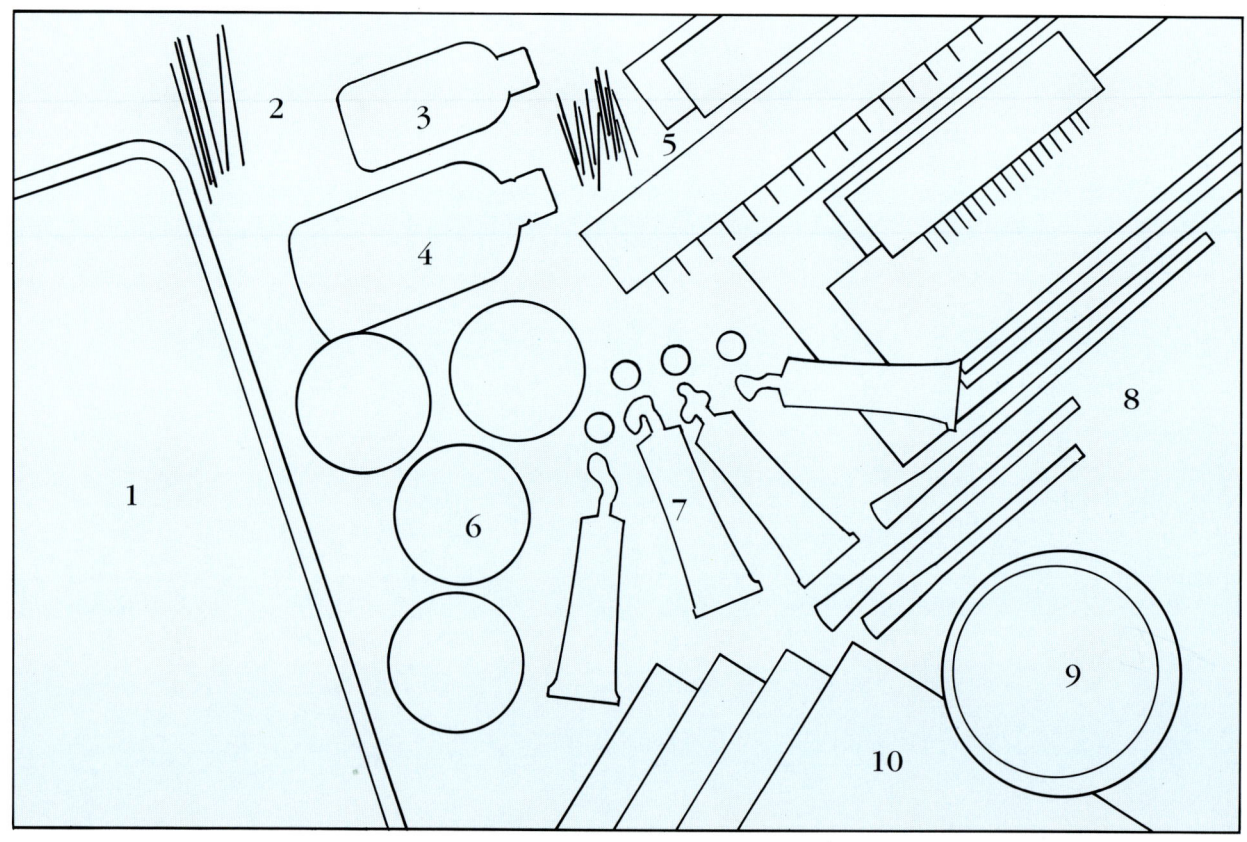

Lösung aufzubringen, und Gummihandschuhe zum Schutz der Hände.)

Pinsel, Pipette und Farbtiegel

Pinsel werden in der Regel nur für Ölfarben verwendet. Fast jeder Borstenpinsel ist geeignet. Die zum Marmorieren am häufigsten benutzten Größen sind 6 mm, 12 mm und 2,5 cm, wobei letzterer hauptsächlich zum Auftrag der Hintergrundfarbe benutzt wird. Breite und Länge der Borsten sind wichtig, um den Farbverlauf zu kontrollieren. Kinder-Malpinsel sind zum Marmorieren gut geeignet; zu lange Borsten sollten gekürzt werden, damit die Farbe nicht spritzt. Zu dicke Pinsel nehmen wiederum zuviel Farbe auf, was die Kontrolle der Farbmenge, die auf dem Papier landet, erschwert.

Pipetten werden beim Arbeiten mit wasserlöslichen Farben anstelle von Pinseln benutzt. Sie eignen sich nicht für Ölfarben, weil sie sich nur schwer reinigen lassen.

Tiegel werden zum Mischen der Farben verwendet. Sie können Marmeladengläser oder Kaffeedosen mit breiter Öffnung nehmen, damit sich die Farben problemlos anrühren lassen. Joghurtbecher sind ebenfalls brauchbar und gut zu entsorgen, kippen aber leicht um.

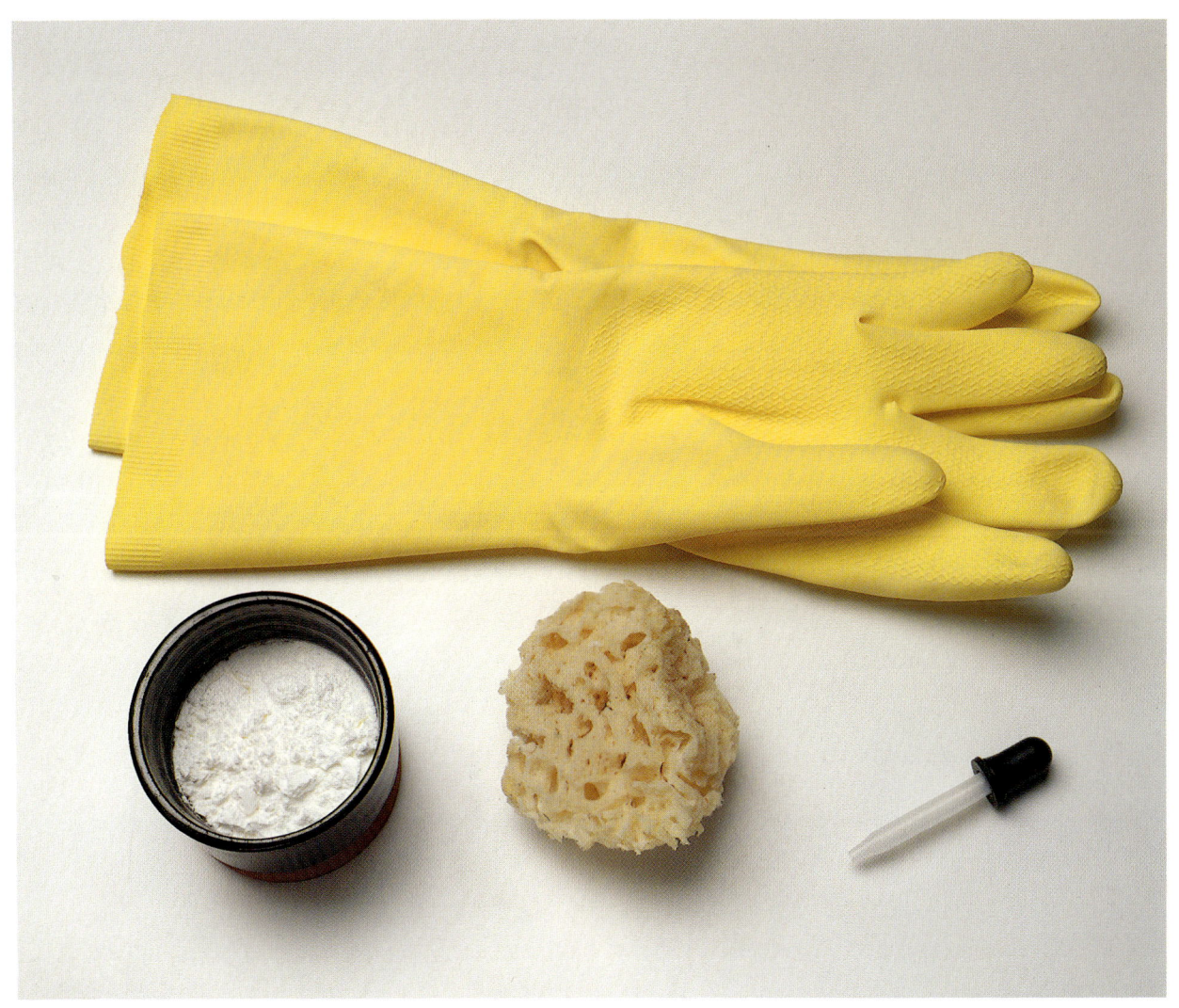

Alaun, Pipette, Schwamm und Gummihandschuhe werden nur für das Marmorieren mit wasserlöslichen Farben benötigt. Für Ölfarben sind sie nicht erforderlich.

Kämme

Marmorierkämme werden für wellenartige Muster benutzt, die sich durch den Abstand zwischen den Zinken unterscheiden. (Je enger sie beieinander stehen, desto komplizierter wird das Muster.) Sie können einen Kamm mit langen Zinken kaufen, aber die besten Ergebnisse erzielen Sie mit einem selbstgemachten Marmorierkamm, den Sie auf unterschiedliche Weise herstellen können.

Dazu bohren Sie einfach Tapeziernägel durch ein Stück dünnes Furnierholz (ca. 12 mm dick) in der Länge oder Breite Ihrer Marmorierwanne. Fürs erste befestigen Sie die Tapeziernägel im Abstand von 12 mm, so daß der Kamm leicht zu fertigen und zu benutzen ist. Er läßt sich leichter anfassen, wenn Sie obenauf einen Knauf anbringen.

Oder Sie drücken die Spitzen von langen Stecknadeln in einen schmalen Balsaholzstreifen. Das ist die schnellste Art, einen Marmorierkamm herzustellen, aber Achtung: Bei häufiger Verwendung verkrustet die Farbe an den Stecknadelköpfen!

Eine dritte, preiswerte Methode ist auf dieser Seite abgebildet. Auch hier werden die Tapeziernägel im Abstand von 12 mm eingesetzt, dieser Kamm ist für Anfänger am besten zu handhaben. Später brauchen Sie zwei weitere Kämme – einen mit 6 mm, einen mit 3 mm Nagelabstand (siehe S. 30)

Marmorierkamm herstellen

◁ *Zwei ca. 7,5 cm breite Pappstreifen in der benötigten Länge zuschneiden. Doppelseitiges Klebeband auf einem Streifen befestigen.*

▽ *Tapeziernägel im Abstand von 12 mm auf doppelseitigem Klebeband verteilen, so daß sie sich nicht bewegen.*

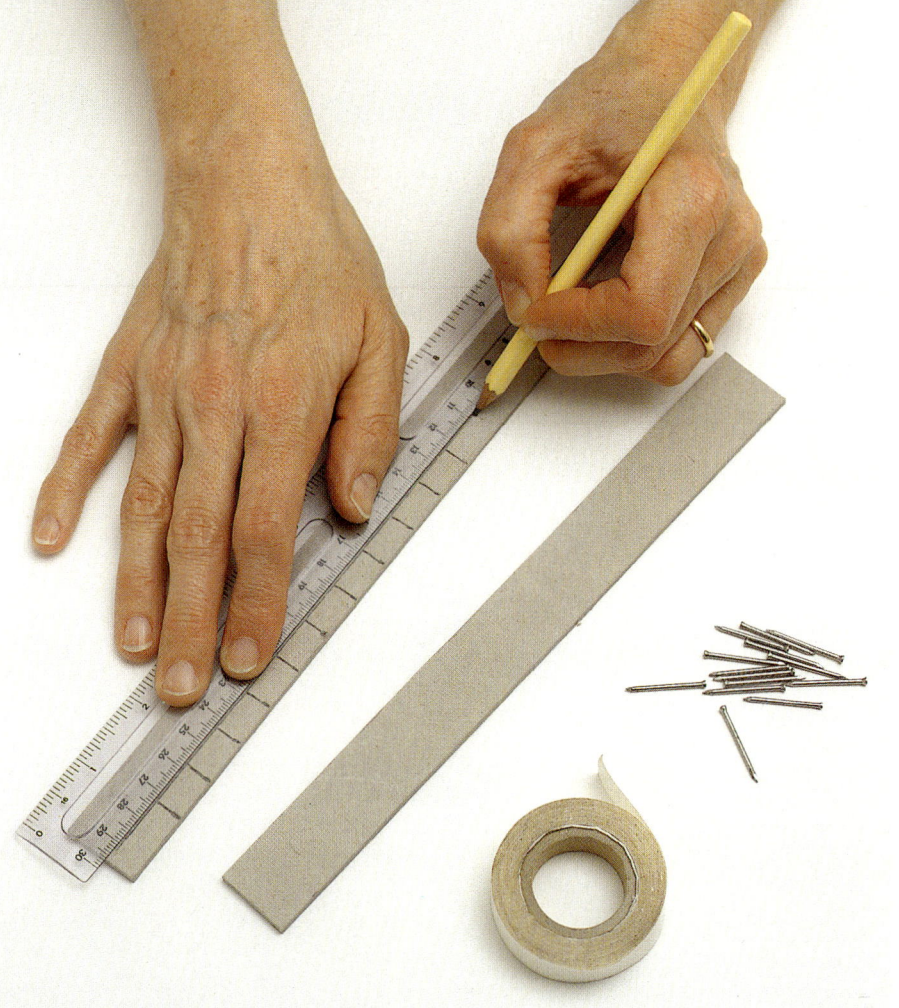

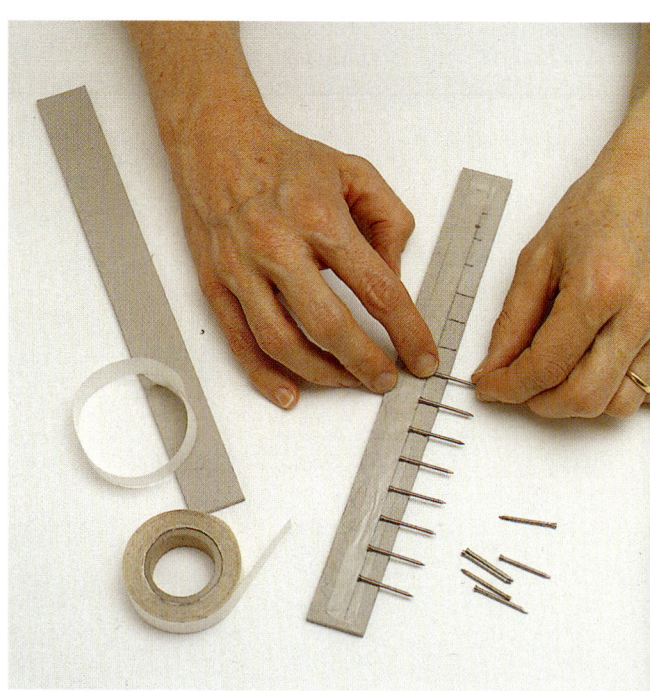

Trockengestell

Alle marmorierten Bögen müssen gut durchtrocknen. Ideal ist ein Wäscheständer oder eine gespannte Wäscheleine, an der Sie das Papier mit Wäscheklammern befestigen. Oder Sie breiten die marmorierten Blätter auf Plastikfolie oder Zeitung aus. Es kommt in erster Linie darauf an, wieviel Platz Sie haben und wie viele Papierbögen Sie auf einen Schlag marmorieren.

Marmorierwanne

Hier entwickeln Sie das eigentliche Muster und legen Ihr Papier auf den Marmoriergrund. Die Wanne sollte einen flachen Boden haben und ca. 5 cm tief sein. Ist sie sehr viel tiefer, fällt es Ihnen möglicherweise schwer, das Papier gleichmäßig auf das Farbbad sinken zu lassen. Sie sollte ringsum mindestens 2,5 cm größer als das Papier sein, das Sie marmorieren wollen, damit Ihre Finger beim Auflegen Platz haben.

Sie können als Marmorierwanne eine Schale oder ein Becken aus verschiedenen Materialien nehmen, z. B. aus Metall oder wasserdichtem Kunststoff. Oder Sie fertigen selbst eine Wanne aus strapazierfähiger Teichfolie (in Baumärkten erhältlich), die an Holzlatten genagelt wird. Sobald Sie mehr Erfahrung haben, werden Sie vielleicht eine geschmiedete, maßgefertigte Wanne vorziehen. Für

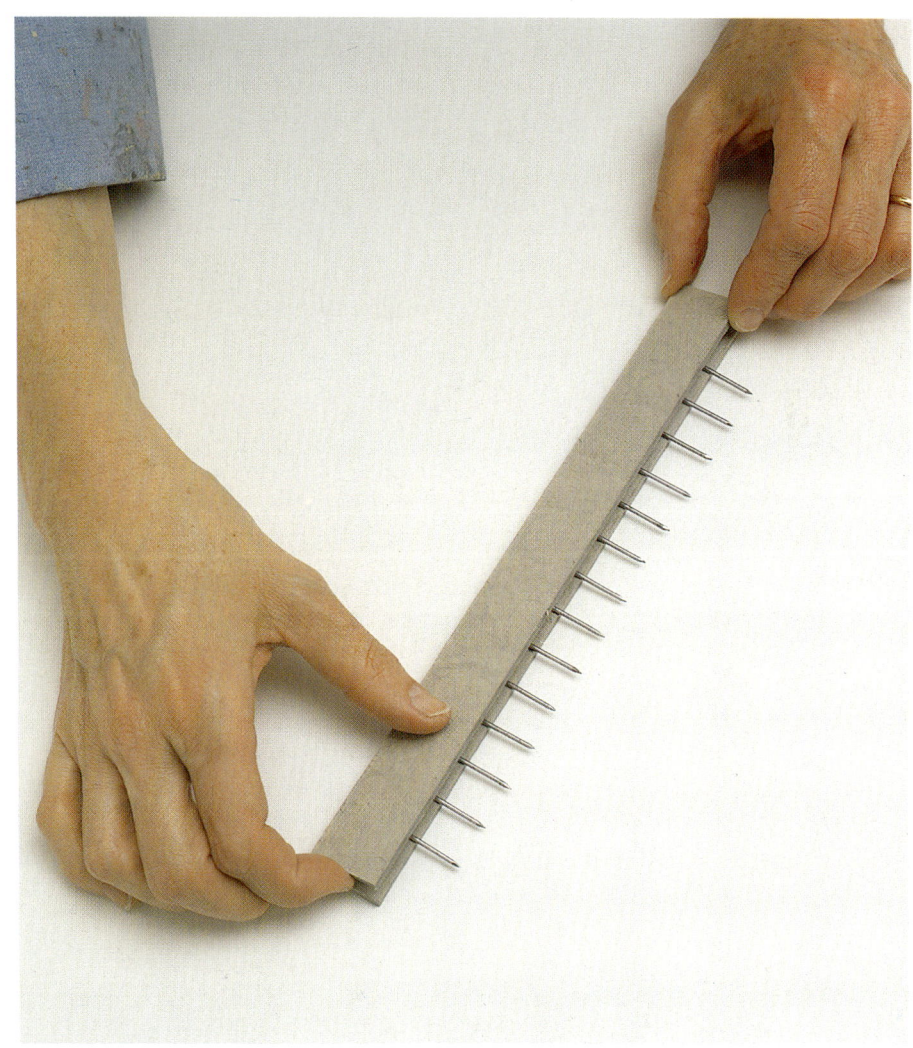

▲ *Weiteren Klebeband-Streifen auf das zweite Pappstück legen; fest andrücken.*

▶ *Die beiden Pappstreifen fest zusammendrücken. Nun ist der Kamm fertig.*

den Anfang ist ein Katzenklo (in Tierhandlungen oder Supermärkten erhältlich) die wohl billigste Lösung. Wenn Sie größere Bögen Papier marmorieren, werden Sie zu einem größeren Behältnis überwechseln müssen.

Die Wanne muß immer wieder entleert werden. Bei einer maßgefertigten sollten Sie einen Abfluß an einem Ende anbringen lassen. Eine mit Marmoriergrund gefüllte Wanne ist schwer; denken Sie also bei der Wahl des Standorts daran, daß sich ein Abfluß zum Entsorgen in der Nähe befindet.

Farben, Verdünner und Ochsengalle
Farben auf Öl- oder Wasserbasis eignen sich zum Marmorieren. Ich selbst ziehe Ölfarben in Tuben vor (in einem Geschäft für Künstlerbedarf erhältlich). Sie werden mit Terpentinersatz statt reinem Terpentin verdünnt, das zu ölig wäre. Wasserlösliche Farben wie Plakatfarbe müssen mit Wasser verdünnt werden.

Ochsengalle (in Apotheken zu kaufen) ist unerläßlich beim Marmorieren, gleich ob Sie Farben auf Wasser- oder Ölbasis benutzen. Damit wird die Oberflächenspannung des Wassers oder Marmoriergrunds verringert und die Farbe gleichmäßiger auf der Oberfläche der Wanne verteilt. Sie können auch Geschirrspülmittel verwenden, das billiger ist, sollten aber die richtige Menge durch Experimentieren herausfinden.

Papier
Das zum Marmorieren am besten geeignete Papier ist unbeschichtetes Papier, d.h. ohne stark glän-

Schlichtes braunes Papier (dünnes Packpapier) ist anfangs ideal; mit wachsendem Geschick können Sie auch zu anderen Papierarten übergehen. Mit getöntem Papier in blassen oder dunklen Farben lassen sich interessante und unterschiedliche Effekte erzielen.

zende Oberfläche. Wenn das Papier zu glatt ist, werden die Farben nicht absorbiert. Zu dünnes Papier reißt, wenn es naß wird, z. B. marmoriertes Seidenpapier, das sehr filigran wirkt, sich aber auflöst, wenn es zuviel Wasser aufsaugt.

Sie sollten also relativ festes, saugfähiges Papier wählen. Schlichtes braunes Pack- oder auch Kopierpapier ist billig und deshalb ideal zum Experimentieren. Sie können später, wenn Sie mehr Übung haben, immer noch zu teurem weiterveredelten Papier (z. B. Banknotenpapier oder Papier mit Egoutteurrippung) übergehen.

Mit getöntem oder strukturiertem Papier kann man sehr interessante Effekte erzielen. Mit einem goldenen oder silbernen Farbauftrag läßt sich daraus reizvolles, ungewöhnliches Geschenkpapier herstellen (siehe S. 42).

Papierstreifen

Sie brauchen Streifen aus Zeitungspapier oder anderem saugfähigen Material, um die Oberfläche der Wanne nach dem Marmorieren jedes Blatts zu säubern. Im Idealfall sollten sie 5 bis 7,5 cm breit und so lang wie Ihre Marmorierwanne sein.

Marmoriergrund

Der Marmoriergrund dient als Farbträger und ist eine Mischung aus Wasser und Verdickungsmittel. Er kann mit Marmorierpulver (in Bastelläden und Kaufhäusern erhältlich), Carragheenmoos (noch häufiger verwendet, aus der Apotheke) oder auch Tapetenkleister (mit pilztötenden Substanzen, falls erhältlich) angesetzt werden.

Stäbchen

Mit den Stäbchen werden Wirbel- oder Federmuster auf der Schlichte (dem Marmoriergrund) erzeugt, der erste Schritt bei allen Mustern in Kamm-Technik. Sie sollten dünn und leicht aufzuheben sein. Statt der langen Holzstäbchen können Sie auch Stopfnadeln, Cocktailstäbchen oder einen langes Stück Draht zum Farbauftrag benutzen. Ich selbst ziehe dünne Stricknadeln vor.

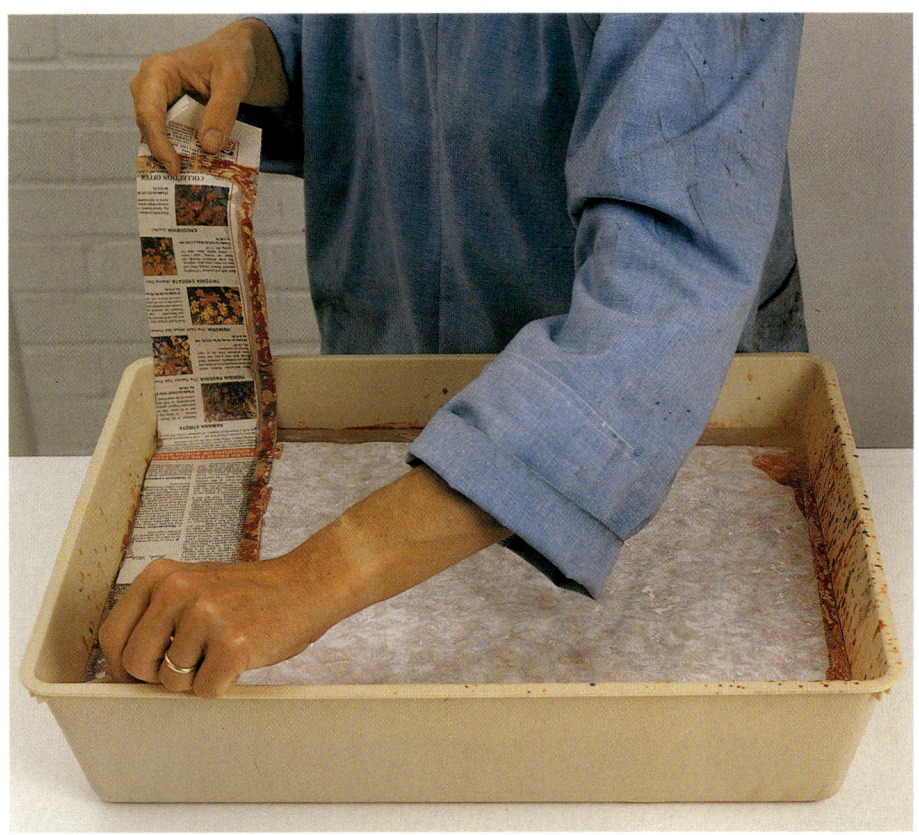

▲ *Sie brauchen Papierstreifen, um die Oberfläche der Wanne zu säubern. Jede saugfähige Papierart ist geeignet – je saugfähiger sie ist, desto schneller werden Farbreste absorbiert.*

◄ *Sie können alles zum Farbauftrag verwenden, was dünn und leicht aufzuheben ist. Cocktailstäbchen sind besonders geeignet: Sie können entsorgt werden, wenn zuviel Farbreste daran kleben.*

Grundlegende Techniken

Bei allen Marmoriertechniken wird im Prinzip Farbe auf den Marmoriergrund (die Schlichte) aufgetragen und mit einem Stäbchen zu interessanten Ornamenten verwirbelt. Die Technik ist einfach; um sie perfekt zu beherrschen, brauchen Sie aber ein wenig Übung. Nachfolgend wird genau erklärt, wie Sie die Schlichte mit Karragheenmoos ansetzen und Stoffe marmorieren. Sie finden auch Anregungen, um mit verschiedenen Mustern zu experimentieren.

Grundtechniken

Die Basis des Marmorierens ist der Auftrag von Farben auf die Oberfläche von Wasser oder Marmoriergrund (Fertigprodukt oder eine Mischung aus Wasser und Verdickungsmittel, damit es eine geleeartige Konsistenz erhält). Für Anfänger ist es möglicherweise leichter, die Farben auf Wasser aufzusetzen. Die Verwendung einer angedickten Schlichte, die mit einem Stäbchen und Kämmen unterschiedlicher Größe verzogen wird, bietet eine breiter gefächerte Skala von Mustern.

Sie können Farben auf Öl- oder Wasserbasis benutzen. Es spricht viel dafür, zunächst mit wasserlöslichen Farben, wie Plakatfarben, zu arbeiten. Sie sind billiger, abwaschbar und sicher für Kleinkinder. Der einzige technische Unterschied zwischen Öl- und Wasserfarben besteht darin, daß Sie bei letzteren zur Verbesserung des Haftvermögens zuerst eine Alaunlösung mit dem Schwamm auf das Papier auftupfen müssen. Mit wasserlöslichen Farben marmoriertes Papier muß außerdem unter fließendem Wasser abgespült werden, nachdem es aus der Wanne gehoben wurde. Die Alaunlösung ist wichtig, sonst wird die Farbe mit dem fließenden Wasser ausgespült!

Es ist sehr wichtig, das Papier zügig auf den Marmoriergrund abzusenken. Jedes Zögern kann ein Wasserzeichen verursachen, wie hier abgebildet.

Dafür lösen Sie 60 g Alaun in 625 ml kochendheißem Wasser auf. Sobald das Gemisch abgekühlt ist, kann es benutzt werden. Wenn Sie immer Farben auf Wasserbasis verwenden, sollten Sie ein Behältnis eigens für dieses Beizmittel bereitstellen.

Welche Farbart Sie auch wählen, Sie müssen als erstes den Marmoriergrund (Schlichte) ansetzen, auf den die Farben aufgetragen werden (siehe S. 22).

Zubereiten der Farben

Sobald die Schlichte angesetzt ist, besteht der nächste Schritt darin, Ihre Farben zu wählen und anzurühren. Nehmen Sie anfangs nur zwei bis vier Farben. Drücken Sie ca. 2 bis 3 cm Farbe aus jeder Tube in die einzelnen Tiegel, und fügen Sie ein wenig Terpentinersatz hinzu, um die Farbe leicht zu verdünnen; sie sollte flüssig, aber nicht zu dünn sein. Dann mischen Sie ein einige Tropfen Ochsengalle unter. Ölfarben sollten nicht über Nacht stehenbleiben, deshalb ist es am besten, sie gleich nach dem Anrühren zu verwenden.

Farbauftrag

Nach dem Anrühren werden die Farben gleichmäßig auf dem Marmoriergrund verteilt (siehe unten). Das Geheimnis liegt darin, die richtige Farbmenge auf den Pinsel zu nehmen, damit sie beim Abklopfen wie feiner Sprühregen auf die Oberfläche fällt. Haben Sie zuviel erwischt, tropft sie herunter und sinkt ab. Streifen Sie also vorher möglichst viel Farbe am Tiegelrand ab. Am besten gelingt das Aufspritzen der Farbe mit einer festen, ruckhaften Bewegung des Handgelenks. Oder Sie klopfen den Pinsel zuerst an einem alten Bleistift oder Holzstück ab, um die gewünschte Wirkung zu erzielen und die Farbmenge auf der Schlichte besser zu kontrollieren.

Der Farbauftrag braucht ein wenig Übung; lassen Sie sich also nicht entmutigen, wenn der erste Versuch noch nicht perfekt ist. Mit zunehmender Erfahrung werden Sie Probleme frühzeitig erkennen. Wenn die Farbe z. B. absinkt – vorausgesetzt, Sie haben nicht zuviel aufgenommen –, ist sie vielleicht zu dick und muß mit Terpentinersatz verdünnt werden. Die Temperatur des Marmoriergrundes ist ebenfalls von entscheidender Bedeutung. Die Farben breiten sich besser aus, wenn die Schlichte Zimmertemperatur hat. Ist sie zu kalt, ziehen sich die Farben zusammen. Breiten sie sich dagegen zu weit aus, sind sie zu dünn oder mit zuviel Ochsengalle versetzt (Farbtropfen auf der Oberfläche können zerstreut werden, wenn man sanft dagegenbläst). Diese und andere Probleme finden Sie auf S. 32 genauer beschrieben.

Muster und Abnahme des Drucks

Wenn Ihnen der Farbauftrag gefällt, folgt nun das eigentliche Marmorieren: das Entwickeln von Mustern, indem Sie die Farben mit dem Stäbchen (oder Stricknadel) in einer Wirbelbewegung auf der Schlichte verziehen. Der letzte Schritt besteht darin, einen Druck abzunehmen, indem Sie das Papier auf das Farbbad legen (gut andrücken, herausheben, abtropfen lassen) und zum Trocknen aufhängen.

Wenn beim Auflegen des Bogens Luft zwischen Papier und Schlichte gelangt, entsteht eine Luftblase oder ein leerer Fleck, wie hier abgebildet. Das Papier sollte immer sorgfältig auf den Marmoriergrund gedrückt werden, damit das ganze Blatt Kontakt mit den Farben hat.

◁ **Ansetzen des Marmoriergrundes**
Die Wanne 3 bis 5 cm hoch mit kaltem Wasser füllen. Einige Eßlöffel Marmorierpulver aufstreuen; fortwährend rühren, bis es sich aufgelöst hat. Die fertige Schlichte sollte die Konsistenz von gut verdünntem Tapetenkleister haben und sich leicht bewegen, wenn man ein Holzstäbchen hindurchzieht. (Notfalls mehr Pulver zugeben.)

▽ **Farbauftrag**
Zeitungspapierstreifen über den Marmoriergrund ziehen, um Staub- oder Farbpartikel zu entfernen. Farbtiegel mit einem Pinsel durchrühren; soviel Farbe wie möglich am Tiegelrand abstreifen. Die erste Farbe mit ruckhafter Bewegung des Handgelenks abklopfen, so daß sie in einem feinen Sprühregen auf die Schlichte niederfällt.

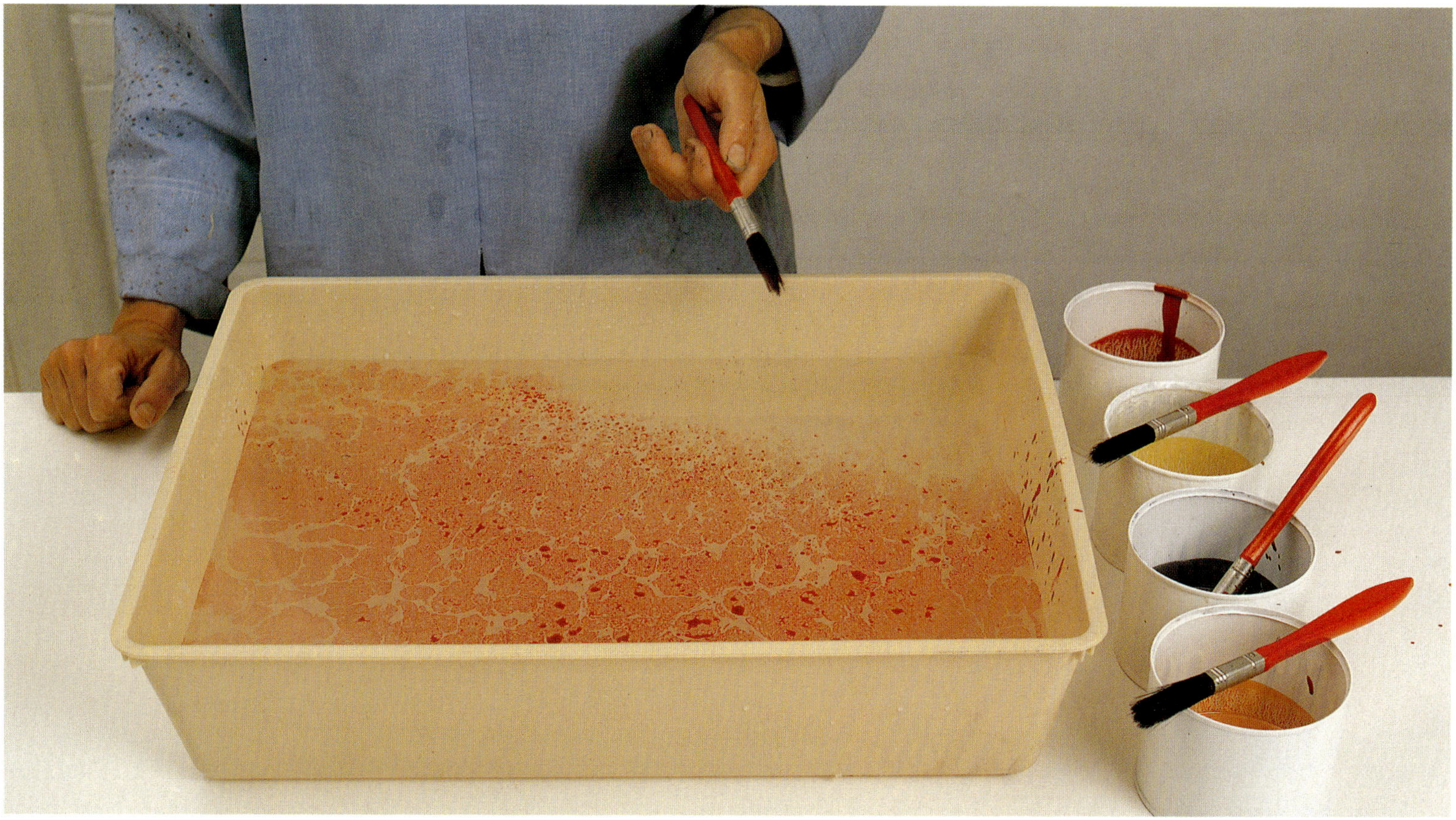

▲ Den Rest der ersten Farbe aufspritzen. Diese Hintergrundfarbe sollte die Oberfläche der Schlichte vollständig bedecken.

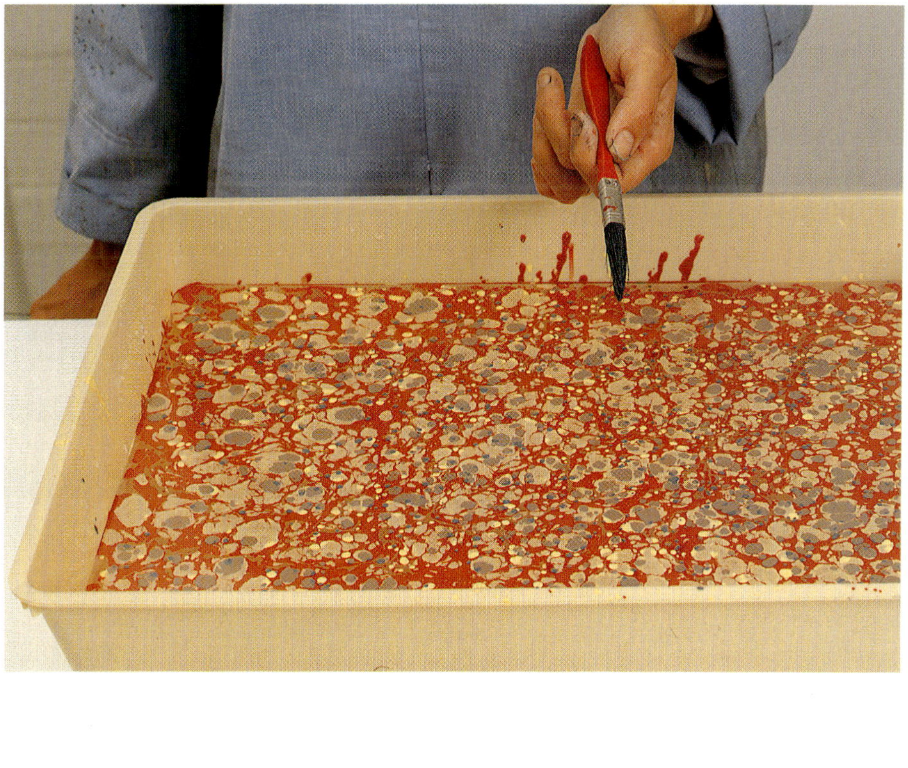

▶ Nun die übrigen Farben mittels dieser Klopftechnik aufspritzen. Zwischen den Farbaufträgen keine Pause machen, da sich sonst Oberflächenspannung aufbaut, was ein gleichmäßiges Auseinanderlaufen der Farben verhindert.

Marmorieren

▲ **Marmorieren** (Wirbelmuster)
Die aufgetragenen Farbflächen langsam und vorsichtig mit Holzstäbchen, dünner Stricknadel oder Cocktailstäbchen kreisförmig verziehen. Sie können große willkürliche oder symmetrisch angelegte, ebenmäßige Wirbelmuster erzeugen.

◄ **Druck abnehmen**
Das Papier an den beiden gegenüberliegenden Ecken fassen. Eine Ecke vorsichtig auf die Oberfläche des Farbbades absenken; den Rest des Bogens in einem Zug glatt auflegen.

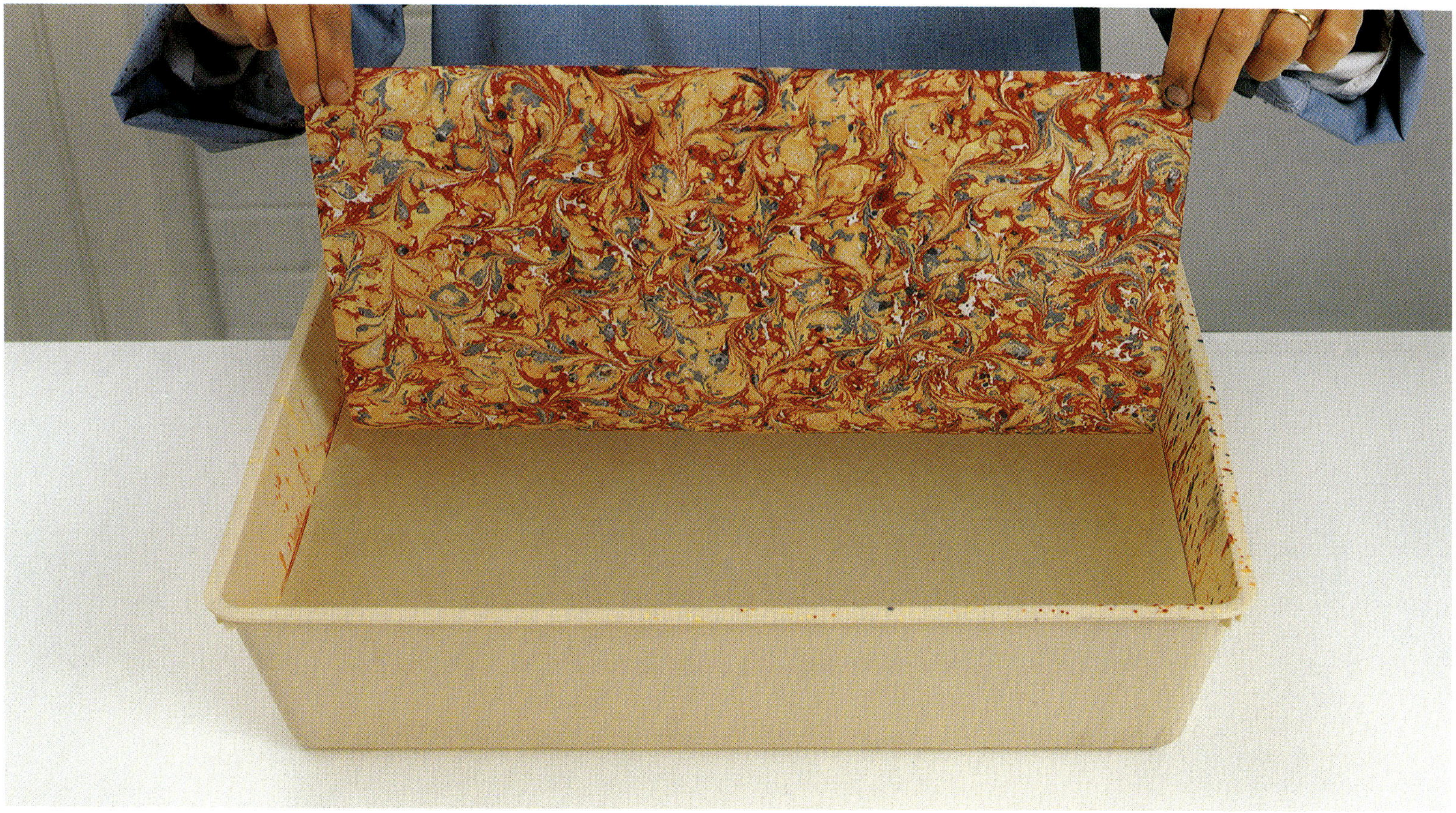

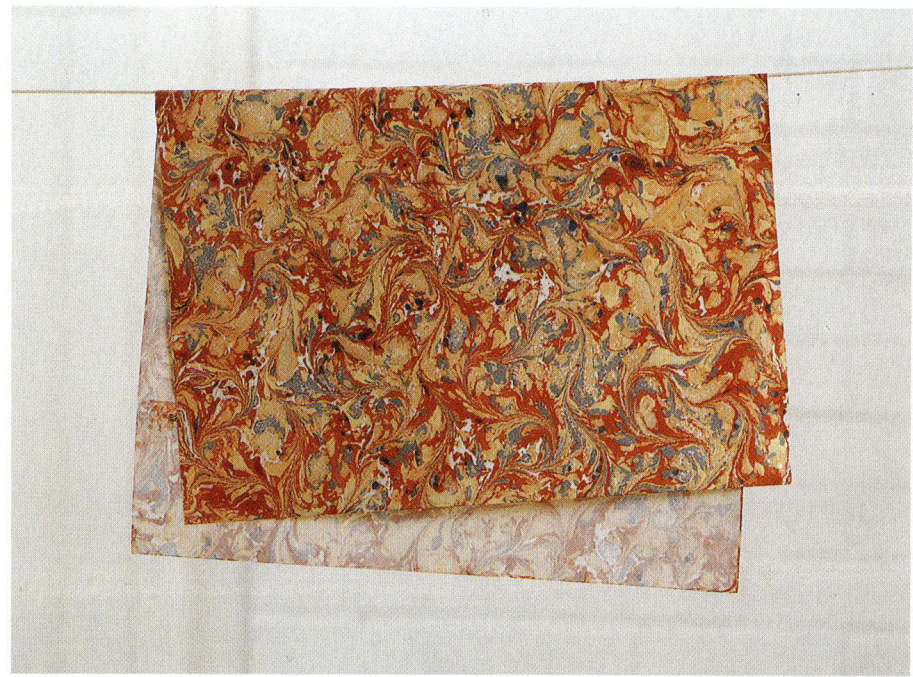

▲ Ohne zu pausieren, die beiden nächstgelegenen Ecken fassen und das Papier vorsichtig aus der Wanne heben.

▶ **Trocknen**
Marmorpapier auf Plastikfolie oder Zeitungspapier ausbreiten; oder mit Wäscheklammern zum Trocknen aufhängen. Danach zum Glätten mit Gewichten beschweren.

Marmorieren mit Karragheenmoos

Karragheenmoos oder Irländisches Moos ist in Pulverform (in der Apotheke) oder als getrocknetes Blatt erhältlich. Beides kann zum Marmorieren benutzt werden.

Oft wird fälschlicherweise angenommen, daß beim Marmorieren mit Ölfarben ein körniges Muster entsteht und klare, kräftige Ornamente nur mit wasserlöslichen Farben erzielt werden können. Die beiden Abbildungen beweisen das Gegenteil. Wie Sie sehen, ist der Marmoriergrund für die Klarheit der Farbe entscheidend, und nicht die Art der Farbe.

Obwohl sich mit Karragheenmoos bessere Effekte erzielen lassen, ist dieser Farbträger problematischer als eine Schlichte aus fertigem Marmorierpulver. Zuerst sieht die Substanz wie Matsch aus. Sie verbreitet einen unangenehmen und zunehmend stärkeren Geruch, wenn sie länger steht. Sie ist auch temperaturabhängiger, und jede angemachte Menge dickt anders ein. Ein weiterer Nachteil besteht darin, daß Sie den Marmoriergrund bei Klumpenbildung entsorgen und den langwierigen Zubereitungsprozeß von vorne beginnen müssen, während Sie bei einem Fertigprodukt schnell eine neue Mischung angerührt haben.

Hier sieht man, wie unterschiedlich die gleichen Muster und Farben auf Schlichte aus Karragheenmoos oder fertigem Marmorierpulver wirken. Die Farben auf dem linken, mit Karragheenmoos marmorierten Papier sind viel schärfer, während die auf dem rechten, mit Marmorierpulver hergestellten Blatt weicher und körniger aussehen.

Auch beim Ansetzen des Karragheenmoos-Grundes ist die Temperatur ungeheuer wichtig. Wird die Schlichte zu kalt, geliert sie. Beim Verdünnen könnte sie zu flüssig werden und die Konturen des Musters zerstören, wenn Sie es mit Kämmen verziehen. Mein Tip: Rühren Sie den Grund mit den Fingern um. Auf diese Weise entwickeln Sie ein Gespür dafür, wann er die richtige Konsistenz und Temperatur hat. Ist er zu dick, geben Sie ein wenig warmes Wasser zu und rühren gut um. Oft dickt er über Nacht ein und muß morgens verdünnt werden.

Heben Sie ein wenig Schlichte auf, um die Wanne aufzufüllen, wenn das Gemisch verdunstet oder zu dünn geworden ist. Sobald sie trübe auszusehen beginnt und die Farben nicht mehr richtig treiben, müssen Sie einen neuen Marmoriergrund anrühren. Reste lassen sich einfrieren. Einen Karragheenmoos-Grund bereiten Sie folgendermaßen zu.

Sie brauchen:
- 1 Kochtopf
- ca. 30 g Karragheenmoos
- 15 ml (1 EL) Borax (verhindert das Zersetzen des Karragheenmooses)
- Holzlöffel
- Musselin (alte Mullwindel oder Nylonstrumpfhosen)
- Schüssel

Ansetzen des Karragheenmoos-Grundes

◁ *Zwei Liter Wasser in einen Topf gießen. Karragheenmoos und Borax zugeben. Langsam aufkochen lassen und gelegentlich mit einem Holzlöffel umrühren; dann vier Minuten leise köcheln lassen. Vom Ofen nehmen und einen Liter kaltes Wasser zufügen. Über Nacht stehenlassen.*

▽ *Gemisch durch Musselintuch in eine Schüssel seihen. Der Marmoriergrund ist nun gebrauchsfertig. Schüssel abdecken, damit kein Staub auf die Oberfläche gelangt, der Ihr Muster zerstören würde.*

Marmorieren auf Stoff

Die freie Bewegung bei Marmorornamenten eignet sich besonders gut für Stoffe unterschiedlichster Art. Wir haben Baumwolle und Seide bearbeitet, doch läßt sich eine breite Materialpalette verwenden, sogar Leder, das zum Schluß eine zusätzliche Schutzschicht braucht. Wie beim Marmorieren von Papier sollten auch hier Stoffe mit künstlicher Beschichtung gemieden werden, da sie die Farben nicht richtig aufnehmen.

Als erstes wird der Stoff gewaschen, um alle Rückstände aus dem Herstellungsprozeß zu entfernen. Ein großes Stoffstück sollten Sie vorher auf Farbechtheit prüfen – vor allem Seide ist zu teuer, um sie zu verschwenden.

Wie bei Marmorpapier können Sie Farben auf Öl- oder Wasserbasis verwenden. Ölfarben sind am besten für Stoffe, die häufig gewaschen werden, z. B. Servietten, Wasserfarben für pflegeleichtes

▶ **Stoff auflegen** (1. Methode)
Jede Person faßt den Stoff an den entgegengesetzten Zipfeln; nun zuerst die Mitte, danach den Rest gleichmäßig und zügig auf die Oberfläche absenken, um Farbunregelmäßigkeiten zu vermeiden (siehe Wasserzeichen, S. 20). Den Stoff vorsichtig zum seitlichen Beckenrand ziehen und herausheben. (Nicht zum Körper wie beim Marmorieren von Papier.) In eine Schüssel mit 2,5 Liter Wasser und 5 ml (1 TL) Essig tauchen; dann zum Trocknen aufhängen.

Material. Im Zweifelsfall sollten Sie spezielle Malfarben für Textilien kaufen und sich an die Anleitungen des Herstellers halten. Oder Sie nehmen die neuen Textil-Färbemittel, die heute im Handel erhältlich sind.

Die Technik ist genau die gleiche wie beim Marmorieren auf Papier. Der einzige Unterschied besteht in der Art, wie Sie den Stoff einlegen. Das ist kniffliger, gelingt aber, wenn Sie sich an die beschriebene Methoden halten.

Sie brauchen:
- Vierecke aus Seide oder Baumwolle (reine Baumwolle oder Polyester-Gemisch)
- Hilfestellung von einer zweiten Person (oder 2 runde Holzpflöcke und Nägel)
- Schüssel oder Eimer mit Wasser
- 5 ml (1 TL) Essig
- Bügeleisen
- mildes Waschmittel (oder Seifenlauge)
- Nadel und Faden

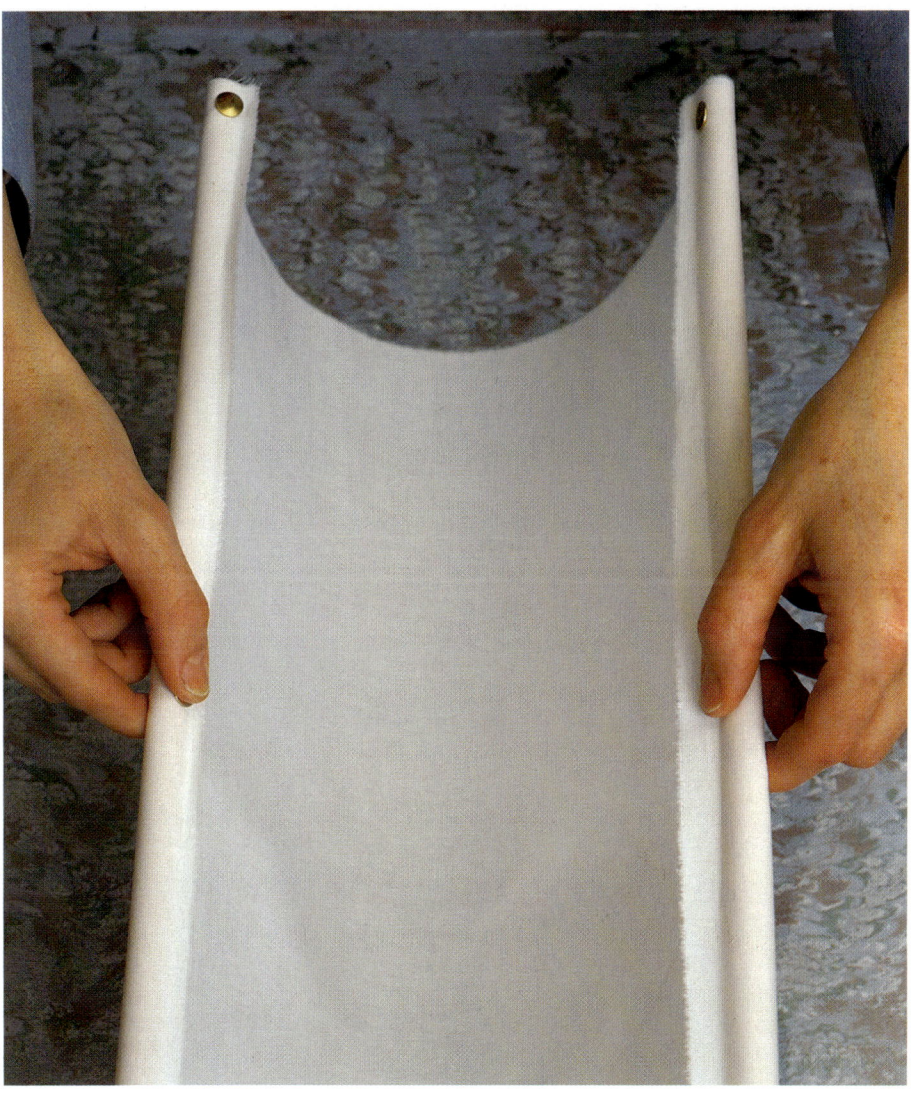

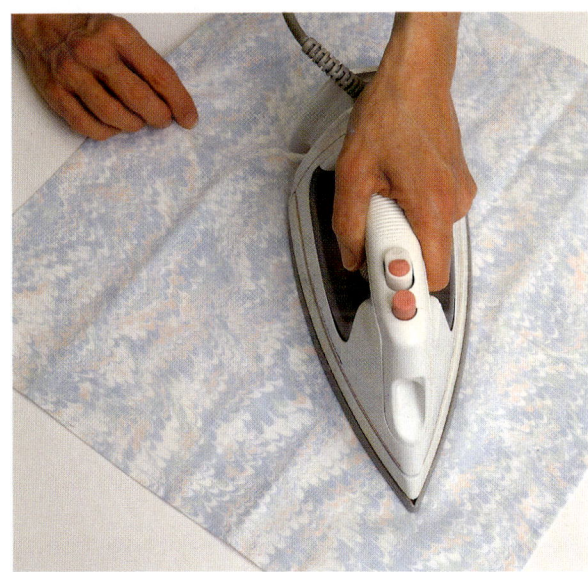

◀ **Stoff auflegen** (2. Methode)
Die beiden Stoffkanten auf schmales Holzstück oder runden Holzpflock von gleicher Länge wie der Stoff nageln. Eine Seite in jeder Hand halten und auf den Marmoriergrund absenken. Stoff herausheben, in Wasser eintauchen und wie bei Methode 1 zum Trocknen aufhängen.

▲ **Fixieren**
Trockenen Stoff auf der Rückseite bügeln, um die Farben zu fixieren. Einige Tage liegenlassen, dann in milder Seifenlauge waschen, trocknen und erneut bügeln. Kanten zurückschneiden, falls sie fransen oder Daumenabdrücke aufweisen; mit der Maschine oder von Hand säumen.

Mit Mustern experimentieren

Das wahre Vergnügen am Marmorieren liegt in der unbegrenzten Zahl von Mustern, die Sie entwickeln können. Viele der beliebtesten wurden jedoch seit langem überliefert. Alle nachstehend beschriebenen sind leicht nachzuarbeiten, solange Sie einige Grundregeln beachten (siehe S. 32).

Der erste Schritt besteht darin, eine Farbe nach der anderen auf den Marmoriergrund zu spritzen. Der Farbauftrag wird im Abschnitt Grundlegende Techniken (siehe S. 21) genau beschrieben. Diese Grundfarbe dient gewöhnlich als Hintergrund; sie kann aber auch zum endgültigen Dessin verzogen werden, und folglich sollten Sie dem Endergebnis besondere Sorgfalt widmen. Außerdem gilt es zu entscheiden, wie Ihr Muster aussehen soll. Die Größe der Spritzer kann z. B. die Farbakzente spektakulär verändern. Experimentieren Sie, bis Sie die gewünschte Wirkung erzielt haben.

▶ **Spritztechnik**
(Adernbilder)
Spritzen Sie die erste Farbe auf; achten Sie darauf, daß sie sich gleichmäßig ausbreitet und die Oberfläche bedeckt. Der zweite Farbauftrag erfolgt punktuell, mit weniger Schwung, so daß die Flecken ihre Form behalten. Die zweite Farbe drängt die erste an den Rand und bildet Adern.

Spritz-, Wirbel- und Kammtechnik

Für ein richtiges Adernbild müssen Sie mindestens vier Farben verwenden. Die Reihenfolge des Farbauftrags spielt keine Rolle, aber Ihr Muster wirkt kräftiger, wenn Sie zuerst die dunklen Farben aufspritzen. Bei allen Mustern müssen die ersten Farben, die Sie verwenden, nur mit einer winzigen Menge Ochsengalle angerührt werden; für jede nachfolgende Farbe wird die Menge erhöht.

Sobald Sie die Spritztechnik beherrschen, können Sie dazu übergehen, die Farben mit einem Holzstäbchen oder einer Stricknadel zu verziehen. Besonders wichtig ist, daß beim Herausheben des Stäbchens aus der Wanne kein Marmoriergrund auf das Papier tropft, sonst ist Ihr Muster verdorben. Benutzen Sie das Stäbchen entsprechend der Wirkung, die Sie erzielen wollen: freie, schwungvolle Bewegungen für unregelmäßige, großzügige Wirbel, oder winzige, regelmäßige für einen mehr symmetrischen Effekt. Variationen in der Konsistenz der Schlichte verändern Ihre Bilder beträchtlich: Spritz- und Wirbelmuster sind um einiges größer, wenn sie flüssiger ist. Interessante Ergebnisse lassen sich erzielen, wenn Sie nur drei Farben

◁ *Fügen Sie nacheinander die dritte und vierte Farbe hinzu, um dem Muster mehr Tiefe zu verleihen.*

aufspritzen, sie verziehen und dann eine vierte Farbe obenauf spritzen.

Mit der Kamm-Technik lassen sich wieder ganz andere Ornamente erzeugen. Es ist faszinierend, wie unterschiedlich dieselben Farben wirken, wenn sie mit Kämmen verschiedener Größe bearbeitet werden. Je kleiner der Kamm, desto komplizierter die Ornamentik. (Es eignet sich besonders gut für Marmorierpapier, das auf kleine Gegenstände geklebt wird.) Wenn Ihnen das Muster mit den verschiedenen Farben zu unruhig erscheint, verwenden Sie einfach drei oder vier Schattierungen derselben Farbe auf getöntem Papier. Die Wirkung ist verblüffend!

Beim Marmorieren können Sie eine unbegrenzte Anzahl von Mustern erzeugen. Das Schöne daran ist, daß es keine festgelegten Regeln für die Verwendung der Farben gibt. Dramatische Kontraste lassen sich z.B. erzielen, wenn Sie die Farben linear, in einzelnen, voneinander getrennten Streifen aufspritzen. Anschließend mit dem Kamm verzogen, wirken sie klar voneinander abgegrenzt statt miteinander verschmolzen. Und wenn Sie ein bestimmtes Dekor langweilig finden, können Sie es immer noch ändern. Verwenden Sie beispielsweise dieselben Farben, aber in einer anderen Reihenfolge. Sie werden erstaunt sein über den Unterschied im Ergebnis.

Was schiefgehen kann

Wenn Sie zum erstenmal eine Technik ausprobieren, kann leicht etwas schiefgehen. Dank zunehmender Geschicklichkeit und Vertrautheit mit den Problemen lassen sich Fehler jedoch bald korrigieren. Ein weithin verbreiteter Fehler bei Anfängern besteht darin, immer wieder an den aufgetragenen Farben zu arbeiten. Die Farben können nur für begrenzte Zeit in der Wanne bleiben. Wenn Sie zuviel herummanipulieren, wird das Muster chaotisch und die einzelnen Farben verwischen. Weitere Probleme und ihre Ursachen sind in der Tabelle aufgelistet.

FEHLERSUCHE

Problem	Ursache
Farben ziehen bei Kamm-Technik Fäden	Die Schlichte ist vermutlich zu dick (mit Wasser verdünnen). Auch die Farben können zu dickflüssig sein.
	Sie benutzen vielleicht einen Kamm mit zu engen Zinken. Der winzige 3-mm-Kamm ist nur für Karragheenmoos-Grund zu empfehlen.
	Auf Marmorierpulver-Grund zieht er die Farbe nur durch die Wanne.
Farben sinken ab	Farben sind zu dick, oder es ist zuviel Farbe am Pinsel.
Farbe vom vorherigen Blatt erscheint	Farbe könnte in Klecksen aufgetragen worden sein, die zu schwer waren und abgesunken sind. (In einem solchen Fall steigt die Farbe normalerweise wieder an die Oberfläche, wenn Sie das nächste Muster mit dem Kamm oder Holzstäbchen verziehen, so daß Ihr Design verdorben ist.)
Farben breiten sich ungleichmäßig aus	Farben sind zu dick. Vielleicht haben Sie nicht genug Ochsengalle zugefügt, oder Sie müssen mit Terpentinersatz verdünnen.
	Die Schlichte könnte zu kalt sein, oder die Farben reagieren schlecht aufeinander (siehe unten).
Papier bildet Luftblasen	Papier ist zu trocken.
Muster verzerrt sich bei Kamm-Technik	Zinken sind vielleicht durch ständigen Gebrauch mit Farbe verklumpt. Haare oder Fusseln könnten im Kamm stecken.
Zuviel Bewegung im Muster	Marmoriergrund könnte zu dünnflüssig sein.
Muster zieht sich bei Benutzung von Kamm oder Holzstäbchen	Grund ist zu dickflüssig.

Farben richtig verwenden

Die Farben reagieren unterschiedlich aufeinander. Die Pigmente können verhindern, daß sich das Farbmaterial gleichmäßig ausbreitet, wenn es in der falschen Reihenfolge aufgetragen wird. Andere Farben besitzen starke Treibkraft. Im allgemeinen gilt, daß die Zugabe von Lampenschwarz zu dunklen und Titanweiß zu hellen Farben als Verteilungshilfe dient. Mit wachsender Übung werden Sie anderen geeigneten Farbkombinationen auf die Spur kommen. Einige Farben, die sich gut bzw. schlecht ausbreiten, sind nachstehend aufgelistet. Farben, die sich schlecht verteilen, sollten nicht ausgeklammert, sondern vielmehr mit Farben kombiniert werden, die zu stark treiben.

Starke Treibkraft (Ölfarben): Fleischfarben, Schiefergrau, Lampenschwarz, Smaragdgrün, Titanweiß, Indischrot, Kobaltblau, Himmelblau, Kadmiumrot, Ockergelb.

Geringe Treibkraft (Ölfarben): Schieferweiß, Saftgrün, Chromgrün, Karminrot, Sienna gebrannt, Umbra.

◀ **Wirbelmuster**
Vier Farben aufspritzen (siehe S. 30/31). Mit Stricknadel oder Holzstäbchen die Farben vorsichtig wie gewünscht verziehen, so daß Wirbel entstehen.

Dekor mit grobem Kamm

Spritzmuster auftragen (siehe S. 30/31). Mit Holzstäbchen oder Stricknadel die Farbe in senkrechten Linien in der Wanne nach oben und unten verziehen, abwechselnd nach links und nach rechts, wie bei einer Ähre. Stäbchen bis zum Beckenrand führen, sonst ist das Muster nicht bis zum Rand sichtbar.

▶ *Mit 12-mm-Kamm das Muster langsam in entgegengesetzte Richtung zu den entstandenen Ähren verziehen.*

▲ Design durch Wiederholen des Ährenmusters weiter ausarbeiten. Das letzte Muster gleichmäßig und wieder bis zum Beckenrand anbringen.

Dekor mit feinzinkigem Kamm

Folgen Sie den Anleitungen für Schritt 1 des Dekors mit grobem Kamm; nehmen Sie ein Holzstäbchen oder eine Stricknadel.

▶ *Folgen Sie den Anleitungen für Schritt 2 des Dekors mit grobem Kamm; benutzen Sie statt des groben 12-mm-Kamms einen feinzinkigen 3-mm-Kamm.*

▶ *Mit Stäbchen oder Nadel das Muster, wie abgebildet, in einer »schlangenartigen« Bewegung verziehen.*

◁ **Feder-Dekor**
Folgen Sie den Anleitungen für Schritt 1 des Dekors mit grobem Kamm; nehmen Sie einen 6-mm-Kamm statt des groben 12-mm-Kamms.

◁ *Muster mit Stäbchen oder Nadel im rechten Winkel zu den ersten Linien verziehen. Beim Herausheben des Blatts darauf achten, daß kein Tropfen Schlichte auf das Muster tropft.*

Spitzen-Dekor

Interessante, zufällige Muster entstehen, wenn Sie die Farben unterschiedlich lange in der Marmorierwanne belassen. Das oben abgebildete Dekor wurde mit vier aufgespritzten Farben erzeugt, die mehr als drei Stunden liegenblieben.

Wolkenbild

Ein zweiter Druck kann von den Farbresten des vorherigen Musters abgenommen werden. Statt die Oberfläche des Marmoriergrundes nach dem ersten Druck zu säubern, werden die Farben von den Rändern mit dem Stäbchen nach innen verzogen, so daß sie sich wieder auf der Schlichte ausbreiten. Das Papier wie vorher auflegen. Die Farbstärke hängt von der Farb-Restmenge ab.

Projekte

Sie können Ihre marmorierten Blätter und Stoffe für die unterschiedlichsten Dekorationsobjekte verwenden. Die nachfolgenden Projekte beinhalten eine Fülle von Ideen, z. B., wie Sie ein altes Tablett in ein reizvolles Geschenk verwandeln oder ein duftiges Seidentuch und einen Lampenschirm mit floralem Muster fertigen können. Wir wollen Ihnen damit allerdings nur Anregungen geben. Ihrer Phantasie sind keine Grenzen gesetzt!

Geschenkpapier

Geschenkpapier zu fertigen ist einfach und sehr befriedigend. Kinder können ihr Kunstwerk sofort verwenden, und selbst ein kleines Mitbringsel wird durch das individuelle Dessin aufgewertet. Den letzten Schliff gibt ein Geschenkband im gleichen Farbton.

Wie bei jeder Marmorier-Technik sollten Sie darauf achten, das richtige Papier zu verwenden (siehe S. 17). Am besten eignen sich zart getönte oder strukturierte Bögen, mit Gold- oder Silberfarben durchwirkt. Die Farben sind zwar etwas teurer, aber sehr wirkungsvoll. Sie werden genauso benutzt wie Ölfarben und mit Terpentinersatz und Ochsengalle verdünnt. Die Treibkraft kann jedoch stark variieren, deshalb müssen Sie dem Silber oder Gold eventuell eine neutrale Farbe zufügen, um sie zu »halten«. Wenn Sie z. B. Papier mit Grün und Gold marmorieren, sollten Sie eine Spur Grün in die Goldmixtur mischen, damit sie mehr Kontur erhält.

Beim Auflegen des Bogens auf die Schlichte sollten Sie darauf achten, daß die Kanten nicht zu stark absinken, damit weder Marmoriergrund noch Farbe an der Rückseite des Papiers herunterlaufen.

Material:
- Braunes Packpapier *oder*
- strukturiertes Papier *oder*
- zart getöntes Papier
- Gold- oder Silberfarben
- Geschenkband (nach Wunsch)

Marmorpapier mit Goldfarbe

Verschieden marmoriertes Geschenkpapier

Projekte

Bleistiftbehältnis und Bleistifte

Marmorierte Bleistifte mit passendem Behältnis sind reizvolle Accessoires für den Schreibtisch. Sie können lackierte oder unbehandelte Bleistifte verwenden, deren Enden Sie im gleichen Muster wie das Papier bemalen. Wir haben runde genommen, da sie sich leichter einwickeln lassen als kantige.

Material:
- Rundes Behältnis
- Farbe (Email- oder Ölfarbe)
- Pinsel
- Maßband
- Lineal
- Cutter-Messer
- Marmorpapier
- runde Bleistifte
- Klebstoff
- Lappen
- Klarlack (matt oder glänzend)

Bleistiftbehältnis

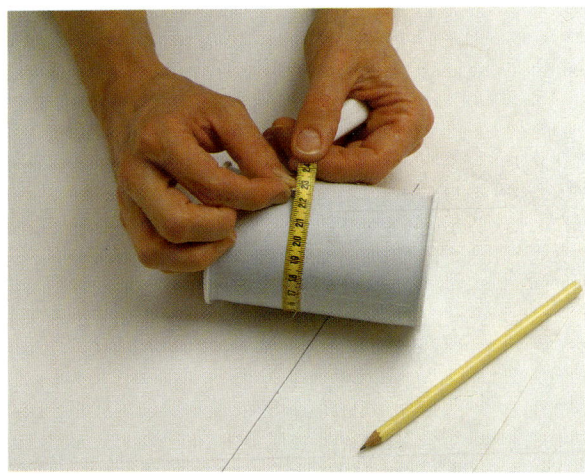

▲ *Behältnis gründlich säubern und trocknen. Oberen Rand, Boden und, falls nötig, die Innenseite im gleichen Ton wie eine Farbe des Marmorpapiers bemalen. Umfang des Behältnisses genau abmessen; 3 mm für die überlappende Naht zugeben. Marmorpapier in entsprechender Größe zuschneiden.*

▲ *Papier-Rückseite auf das Behältnis kleben und gleichmäßig andrücken. Rundum mit dem Lappen glätten, um Lufteinschlüsse zu entfernen.*

Bleistifte

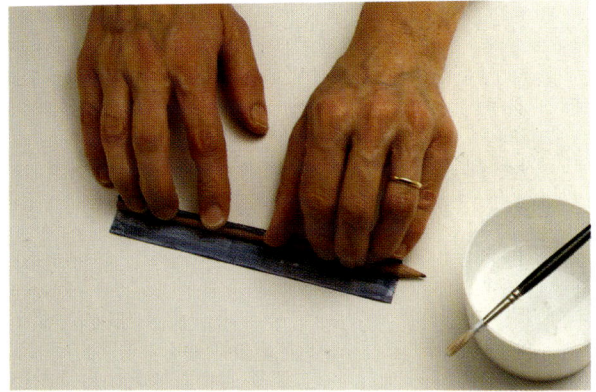

◀ *Umfang des Bleistifts messen, plus 3 mm für überlappende Naht; dann die Bleistiftlänge bis zur Basis des gespitzten Endes messen. Marmorpapier in entsprechender Größe zuschneiden und Rückseite mit Klebstoff bestreichen. Papier an der Kante festhalten, Bleistift über die Klebefläche rollen und Luftblasen mit dem Lappen glätten. Für einen sauberen Abschluß der oberen Kante den Bleistift spitzen.*

Grußkarten

Marmordekors auf verschieden schwerem Papier und Karton können für reizvolle, individuelle Grußkarten und Geschenkanhänger verwendet werden. Die Techniken für das Marmorieren auf Karton sind dieselben wie bei Papier; Karton ist jedoch weniger geschmeidig, und deshalb müssen Sie ihn vorsichtig, mit genau dem richtigen Druck, auf die Schlichte legen. Sie können auch Marmorpapier auf Pappe aufziehen, statt den Karton selbst zu marmorieren.

Material:
- Lineal
- 1 Blatt Marmorpapier und schlichter Karton (Gewicht einer Postkarte) *oder*
- marmorierte Karte
- Cutter-Messer
- Kopierpapier
- Zeitung
- Filzstift, gold
- Lochzange (nach Wahl)
- Schmuckband für Geschenkanhänger
- Klebstoff

Basteln Sie die Geschenkanhänger selbst, passend zu Ihren Karten: Marmorierte Karte zur Hälfte falten, Loch in die Ecke stanzen und Bändchen einziehen.

Briefe mit Marmorlettern

Marmorpapier auf feste Pappe kleben und trocknen lassen, oder marmorierten Karton nehmen. Aus der Zeitung Buchstaben für die Grußbotschaft auf die marmorierte Seite des Papiers übertragen. Mit dem Cutter-Messer sorgfältig die einzelnen Lettern ausschneiden; darauf achten, daß die Klinge nicht abrutscht. Die ausgeschnittenen Buchstaben kann ein Kind zusammenstellen.

Grußkarte

Marmorierten Karton in erforderlicher Größe zuschneiden, fest zur Hälfte zusammenfalten, dann wieder flach ausbreiten. Aus der Vorderseite ein Fenster ausschneiden; Kanten mit Goldstift umranden. Grußbotschaft in den Rahmen schreiben.

Marmorierter Bilderrahmen

In Marmorpapier von der Größe des Drucks oder Fotos ein Fenster schneiden. Schlichten Karton zur Hälfte zusammenfalten. Bild auf die Vorderseite kleben und trocknen lassen; den marmorierten Rahmen obendrauf kleben.

Projekte

Briefmappe und Briefpapier

Früher pflegten die Damen ihre Briefe in hübschen Mappen aufzubewahren. In dem marmorierten Umschlag aus Karton können Sie nicht nur Ihre Post, sondern auch Fotos, Taschentücher oder Briefpapier verstauen. Kaufen Sie pastellfarbenes Briefpapier, oder fertigen Sie Ihr eigenes marmoriertes in blassen Farben, damit man die Schrift entziffern kann. Als Marmoriertechnik bietet sich das Wolken-Dekor an (siehe S. 39), bei dem Sie eine zarte Tönung erzielen, wenn Sie viel weniger Farbe als sonst auf den Pinsel nehmen. Oder Sie verdecken einen Teil des Papiers mit Klebestreifen und marmorieren nur eine Bordüre.

Die Anleitungen sind für einen DIN-A5-Umschlag und DIN-A5-Briefpapier gedacht. (Sie können für letzteres auch einen DIN-A4-Bogen nehmen und zusammenfalten.) Nehmen Sie für den Umschlag marmorierten Karton oder Marmorpapier, das Sie auf leichten Karton kleben.

Material:
- Marmorierter Karton *oder*
- Bogen Marmorpapier, auf Karton geklebt
- DIN-A5-Briefumschlag (als Schablone)
- Bleistift
- Schere
- Cutter-Messer
- Schmuckband, 50 cm lang
- Marmorpapier, DIN A5 oder A4 (als Briefpapier)

◂ *Klebstoff beim DIN-A5-Umschlag lösen; auf der Rückseite des marmorierten Kartons oder Papiers mit einem Bleistift die Konturen nachzeichnen.*

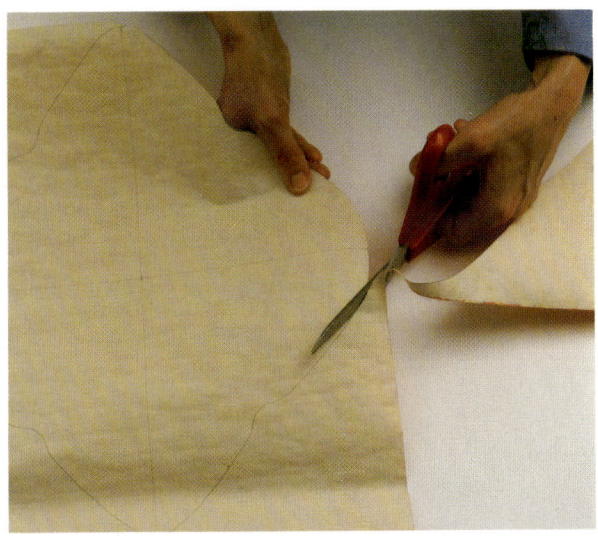

▲ Umriß des flach ausgebreiteten Umschlags sorgfältig mit der Schere ausschneiden.

▶ Mit dem Cutter-Messer in der Mitte des Kartons oder Papiers zwei Schlitze für das Band, 2,5 cm voneinander entfernt und 2,5 cm lang, schneiden.

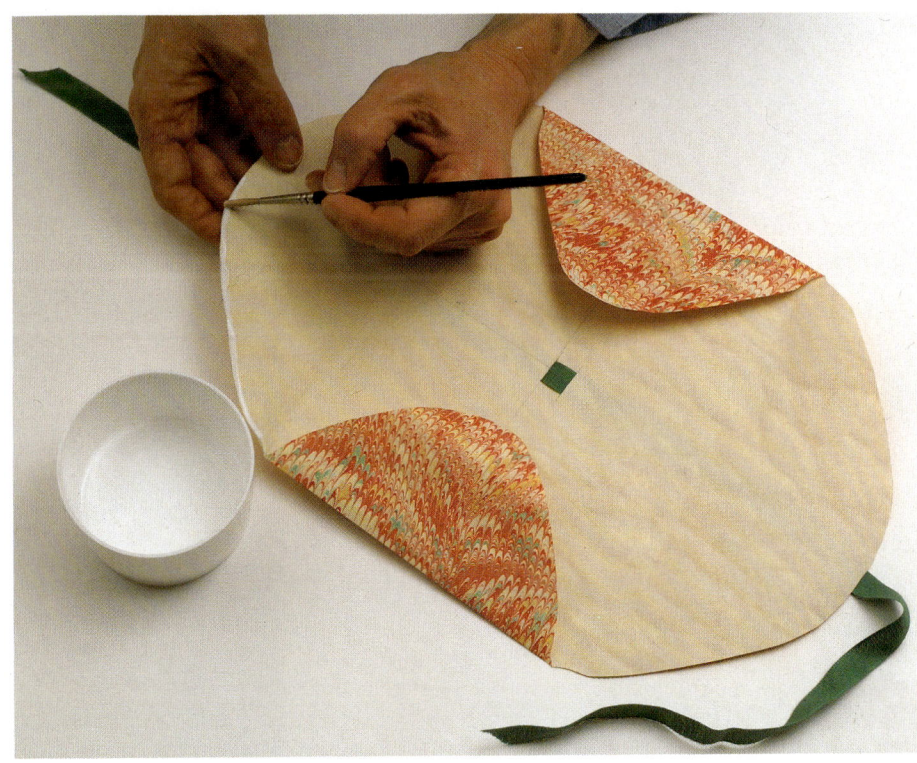

◀ Band durch die beiden Schlitze ziehen, wobei die Bandenden auf der marmorierten Seite des Kartons oder Papiers liegen. Entsprechend den Falzen auf der Schablone die drei Klappen falten und kleben.

◁ Außenklappe des Umschlags fest kniffen und in Form falzen.

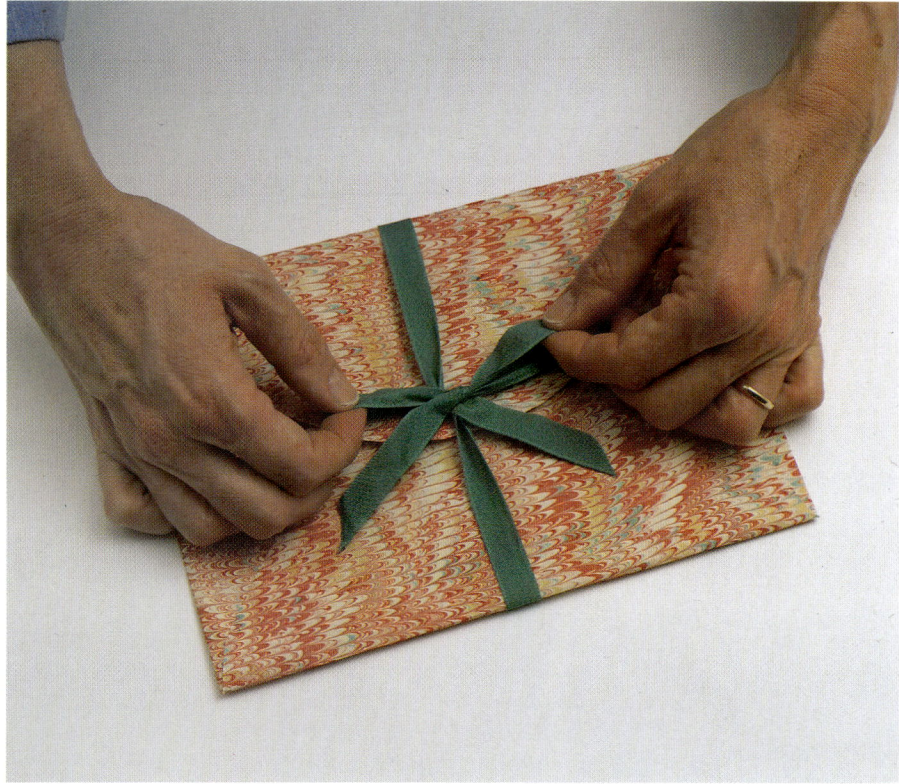

◁ Band um den Umschlag wickeln; über der Außenklappe zur Schleife binden.

▷ Fertige Mappen mit Briefpapier

Projekte

Dekoratives Tablett

Mit Marmorpapier läßt sich ein gewöhnliches Tablett in ein Schmuckstück verwandeln. Zusätzlichen Pfiff erhält es, wenn Sie die Rückseite mit Filz beziehen.

Material:
- Schlichtes Holztablett
- Hoch- oder Seidenglanzfarbe und Pinsel
- 1 Bogen Marmorpapier, nur wenig größer als die Innenseite des Tabletts
- Cutter-Messer
- Klebstoff
- hitzebeständiger Klarlack (glänzend oder matt)

▲ *Ränder des Tabletts säubern; Kanten und Handgriffe in einem Farbton Ihrer Wahl bemalen, passend zum Papier. Trocknen lassen.*

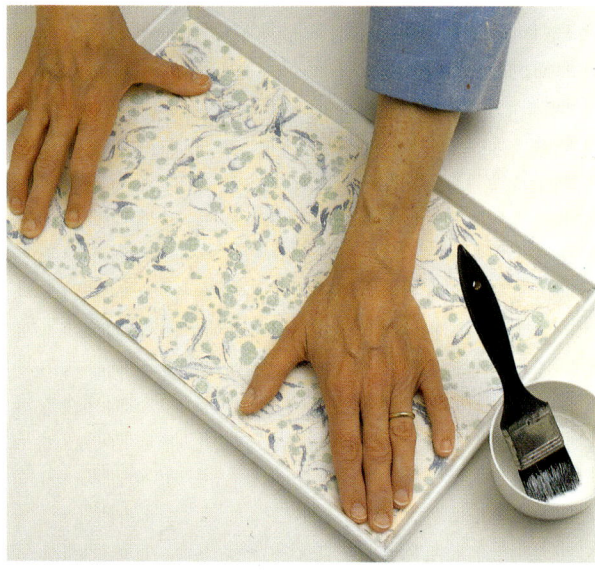

▲ *Papier auf der Rückseite mit Klebstoff bestreichen. Mit der marmorierten Seite nach oben auf das Tablett legen und glätten, um Luftblasen zu entfernen. Klebstoff ca. 30 Minuten trocknen lassen.*

◀ *Nach Durchtrocknen des Klebstoffs Boden und Seiten des Tabletts dreimal mit mattem oder glänzendem Klarlack überziehen.*

Bilderrahmen

Bilderrahmen, die rundum marmoriert sind oder eine schmale marmorierte Borte auf schlichtem Passepartout haben, erfreuen sich wachsender Beliebtheit. Sie können auch einen gekauften Rahmen verwenden.

Material:
- Fertiger Rahmen *oder*
- Karton (20 × 10 cm, ca. 3 mm dick)
- Blatt Marmorpapier
- Cutter-Messer
- Klebstoff
- Lineal und Bleistift
- zart getöntes Papier
- Filzstift in Gold oder Silber

Rahmen fertigen

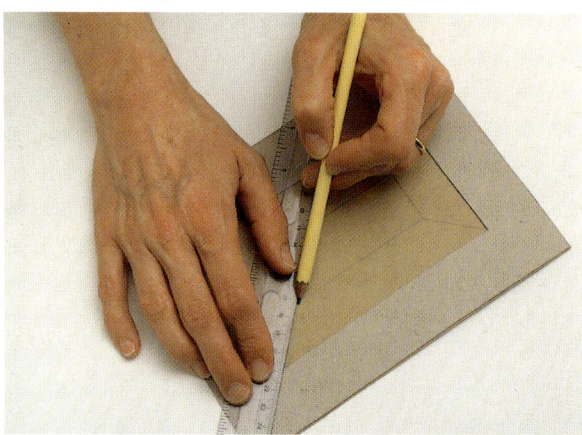

▲ *Mit dem Cutter-Messer Quadrat, Rechteck oder Kreis aus dem Karton ausschneiden. Marmorpapier über den ganzen Rahmen kleben, einschließlich Fenster. Bei quadratischen oder rechteckigen Rahmen eine ca. 5 cm lange Diagonale von der Ecke nach innen zeichnen. Bei den anderen drei Ecken wiederholen. Spitzen der Linien zum Quadrat oder Rechteck verbinden.*

◀ *Rechteck ausschneiden. Die vier diagonalen Linien einschneiden, so daß vier Klappen entstehen. Klappen zurückfalten, auf der unmarmorierten Seite festkleben und kräftig andrücken.*

Rahmen mit marmorierter Borte

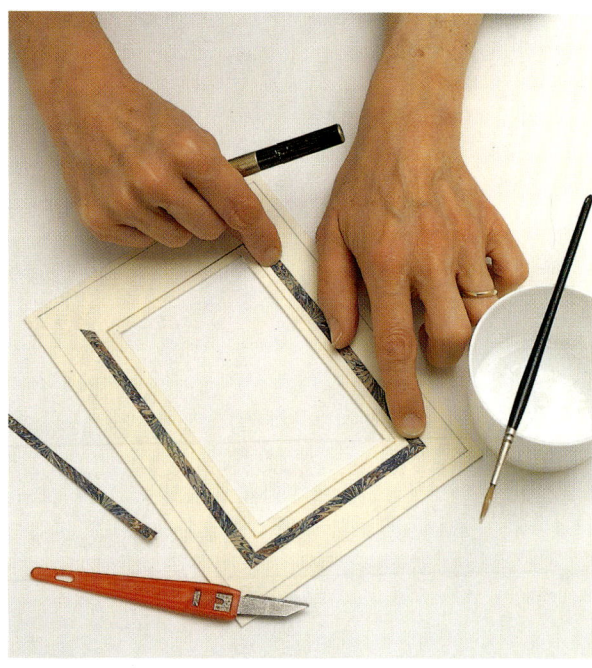

Gekauften Rahmen oder selbst gemachten verwenden; letzteren nun mit einfarbigem, vorzugsweise zart getöntem Papier überkleben. Fenster in der erforderlichen Größe zuschneiden; 6 mm einwärts rundum eine Goldlinie zeichnen. Die zweite Goldlinie 12 mm außerhalb der ersten ziehen. In diese Borte werden die Marmorpapierstreifen gelegt. Zwei 6-mm-Streifen Marmorpapier oben und unten und zwei weitere in derselben Größe für die Seiten ausschneiden. Glatt zwischen den beiden Linien auflegen. Vor dem Aufkleben die Ecken des Marmorierpapiers diagonal zuschneiden, so daß sie bündig zusammentreffen; auch das Muster muß oben und an den Seiten zusammenpassen. Marmorpapier mit Klebstoff bestreichen und auf die Linie legen; die Streifen sollten gerade sein.

Projekte

Hutschachtel

Für die unten abgebildete Hutschachtel (Durchmesser 40 cm, Tiefe 25 cm) waren drei Bögen Marmorpapier erforderlich. Natürlich eignet sich jede runde Schachtel; Sie müssen nur eine entsprechend größere oder kleinere Menge Marmorpapier verwenden. Den Boden der Schachtel können Sie mit Packpapier oder anderem schlichten Papier bekleben; dafür schneiden Sie einen Kreis in Größe des Deckels aus.

Material:
- Runde Schachtel, ca. 40 cm Durchmesser und 25 cm tief
- Bleistift
- Marmorpapier
- Schere
- Cutter-Messer
- Klebstoff und 2,5 cm breiter Pinsel
- Filzstift oder Dispersionsfarbe, passend zum Papier
- Lochzange
- breites Schmuckband oder Kordel von angemessener Länge

▲ Zuerst schneiden Sie das Papier maßgrecht zu: Deckel als Schablone verwenden und Konturen auf der Papier-Rückseite nachzeichnen. Einen 6 mm kleineren Kreis als die Bleistiftlinie ausschneiden. Drei Stücke Marmorpapier (44 × 27,5 cm) und für den Deckelrand drei Streifen (44 × 6,5 cm) zuschneiden.

Vor dem Aufkleben Deckelkante mit Dispersionsfarbe bemalen, Oberseite und Rand ca. 12 mm überlappend. An der Schachtel-Unterkante wiederholen. Die Papierscheibe auf der Schachtel soll die Farbe bedecken und einen ca. 3 mm breiten, sichtbaren Rand lassen. Farbe trocknen lassen.

◁ *Papierscheibe für den Deckel auf der unmarmorierten Seite mit Klebstoff bestreichen. Sorgfältig positionieren, so daß rundum ein gleichmäßiger Farbrand zu sehen ist. Fest andrücken und Papier von der Mitte aus glätten.*

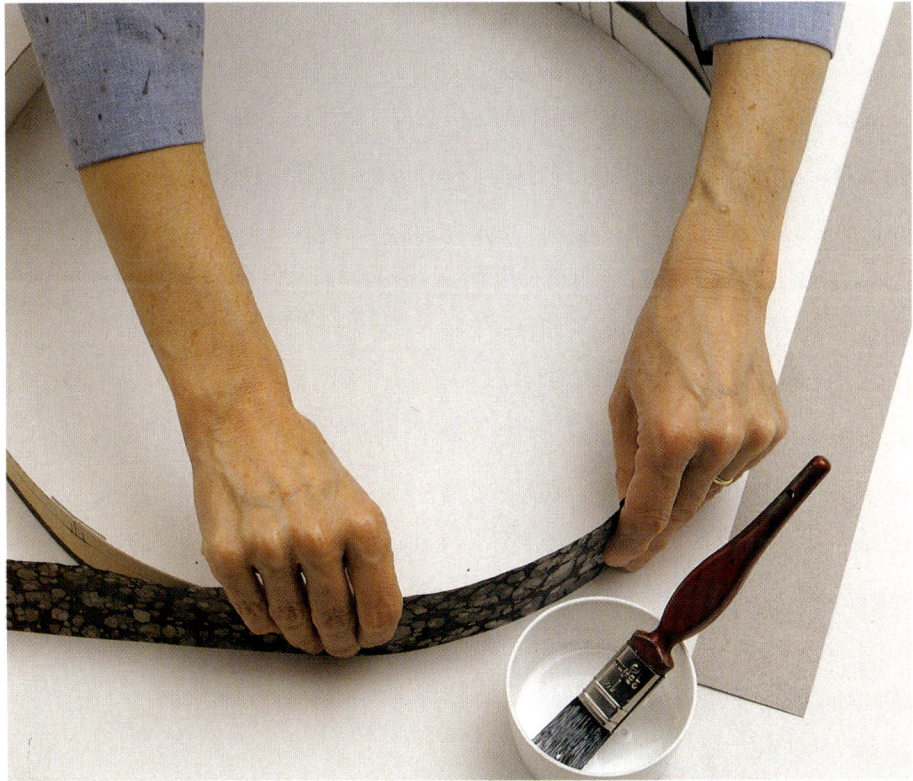

◁ *Ersten marmorierten Papierstreifen für den Deckelrand (44 × 6,5 cm) mit Klebstoff bestreichen. An einer Nahtstelle im Deckel beginnend, das Papier so legen, daß ein Farbrand von 3 mm sichtbar bleibt, als Gegenstück zur Deckel-Oberseite. Mit den beiden anderen Streifen wiederholen, wobei die Nahtstellen leicht überlappen.*

◁ Mit dem Pinsel nochmals Klebstoff auf die Rückseite der Marmorpapierstreifen, dann auf die Deckel-Innenseite streichen. Für die Seiten der Schachtel wiederholen; Streifen glätten, bevor Sie den nächsten andrücken. Oberkante wie beim Deckel umbiegen, nachdem Sie mehr Klebstoff aufgestrichen haben.

◁ Zwei Löcher in die gegenüberliegenden Seiten der Schachtel stanzen. Bandenden einführen, auf der Innenseite verknoten. Oder zwei Bänder zuschneiden und in der Deckelmitte zur großen Schleife binden.

▷ Fertige Hutschachtel

Kerzenschirm

Noch zur Zeit der Jahrhundertwende waren Kerzen eine vorrangige Lichtquelle; mit dekorativen Schirmchen geschmückt, verbreiteten sie ein sanftes, diffuses Licht. Kerzenschirme sind wieder in Mode gekommen, und Marmorpapier ist für die Fertigung ideal. In blassen Farbtönen gearbeitet, lassen sie einen Teil des Lichts durchschimmern, während dunkles Papier das Licht nach oben und unten verbreitet.

Es gilt, darauf zu achten, daß die Flamme nicht mit dem Papier in Berührung kommt. Der Schirm ist an einer Messing-Fassung befestigt, die beim Herunterbrennen der Kerze langsam mitsamt dem Schirm nach unten gleitet. Der Schirm muß also ganz genau auf die Fassung passen. Deshalb sollten Sie ihn sorgfältig ausmessen und den Sitz ein zweites Mal prüfen, indem Sie beides kopfunter halten. Stimmen Ihre Maße, bleibt der Schirm an der Fassung fixiert. Im Handel erhältliche Fassungen (in großen Haushaltswarengeschäften) enthalten Anleitungen und Empfehlungen für die Kerzen, die benutzt werden sollten. Unsere Schirmchen können Sie auch für elektrische Kerzen verwenden; dann brauchen Sie ein Messung-Zwischenstück, um den Abstand zwischen Schirm und Glühbirne zu wahren. Die Anleitungen gelten für einen 10-cm-Schirm, eine ideale Größe für Kerzen und Glühbirnen.

Material:
- Kopierpapier
- marmorierter Karton *oder*
- Marmorpapier, auf Haftvlies gebügelt, *oder*
- Marmorpapier, mit Sprühkleber auf Karton befestigt
- Bleistift
- Cutter-Messer
- Filzstift
- Maskierband (Heimwerkerbedarf)
- Messing-Fassung
- Klebstoff
- Wäscheklammern

▲ Mit Kopierpapier Konturen des Schnittmusters übertragen (= halbe Größe). Die zweite Hälfte am Bruch rechts durch Umdrehen des Schnittmusters ergänzen; dabei die Nahtzugabe weglassen. Schablone übertragen: auf a) marmorierten Karton, oder b) Marmorpapier, das auf Haftvlies gebügelt oder c) mit Sprühkleber auf Karton befestigt wurde. Konturen auf a), b) oder c) nachzeichnen und ausschneiden.

Marmorieren

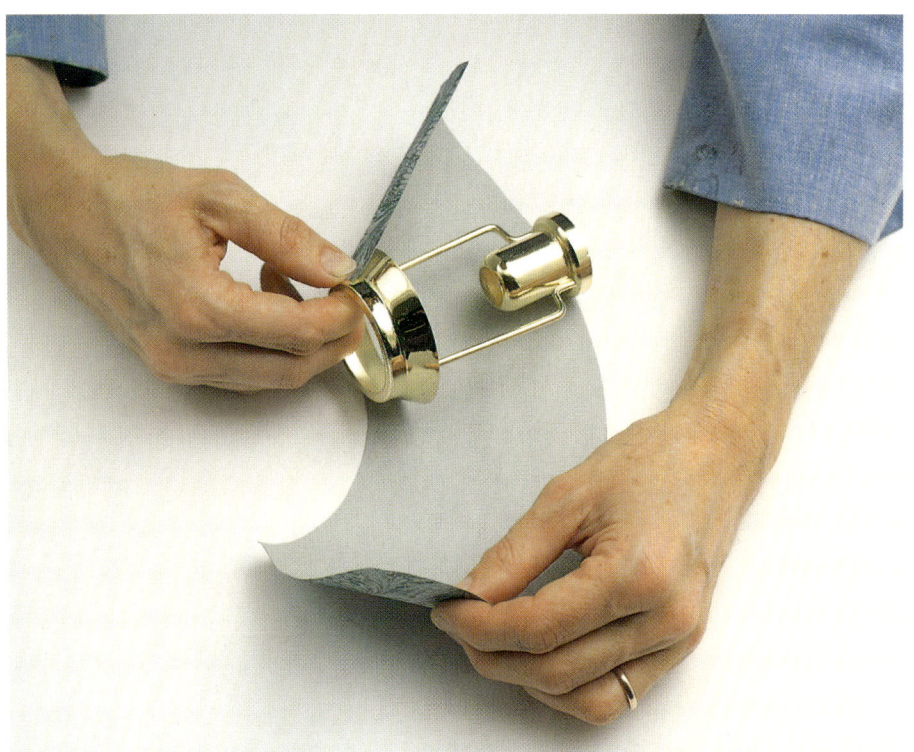

◁ Mit Filzstift in der Farbe Ihrer Wahl den Schirm oben und unten umranden. Seitenkanten fürs erste mit Maskierband zusammenfügen und Schirm probeweise um die Fassung rollen, um sicherzugehen, daß er absolut fest sitzt.

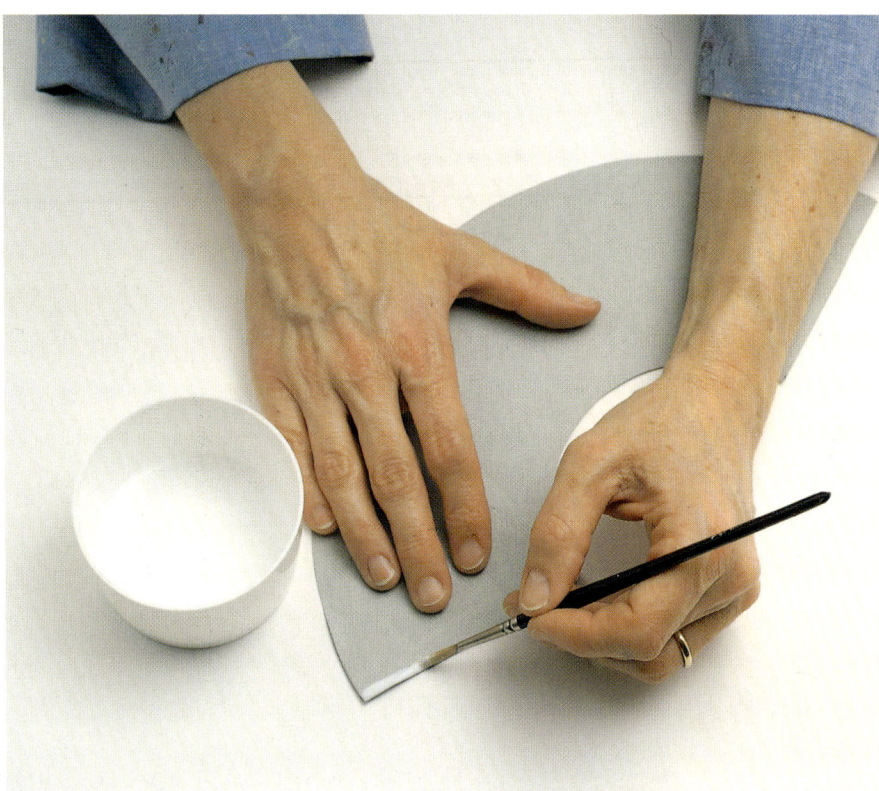

◁ Kanten des Schirm zusammenkleben; überlappendes Ende unter der entsprechenden Kante befestigen. Mit zwei Wäscheklammern fixieren, bis der Klebstoff trocken ist.

▷ Fertiger Kerzenschirm

Plissierter Lampenschirm

Diese elegante Lampe ist erstaunlich einfach herzustellen und wirkt in jedem Raum bezaubernd. Wir haben einen Lampenschirm von 25 cm Breite gefertigt, der auf einen Sockel von 30 bis 50 cm Höhe paßt.

Material:
- 2 Bögen Marmorpapier, 50 × 63 cm, in möglichst ähnlichem Muster
- Cutter-Messer
- Klebstoff
- 2 Lineale
- Lochzange
- 1 m Schmuckband, 2,5 cm breit
- 1 m Schmuckband, 5 mm breit
- Lampenschirmrahmen
- Polsternadel

▲ Die zwei Bögen Marmorpapier mit dem Cutter-Messer längs halbieren, um eine scharfe Kante zu erhalten. Sie haben nun vier Papierstreifen, jeweils 25 × 63 cm lang.

▶ *Mit Hilfe der beiden Lineale jedes Blatt Papier in Ziehharmonikafalten legen: über einem Lineal falzen, dann über dem anderen zurückfalten.*

▼ *Klebstoff an der Unterseite der Endfalten von zwei Bögen, dann auf der marmorierten Seite der beiden anderen aufstreichen. Kanten zu einem langen Streifen zusammenkleben.*

▲ *2,5 cm von der Oberkante der Falten einen Punkt markieren, dann mit der Lochzange ein Loch durch jede Falte stanzen. Die Löcher sollen eine gerade Reihe bilden. Durch mehrere Falten gleichzeitig stanzen.*

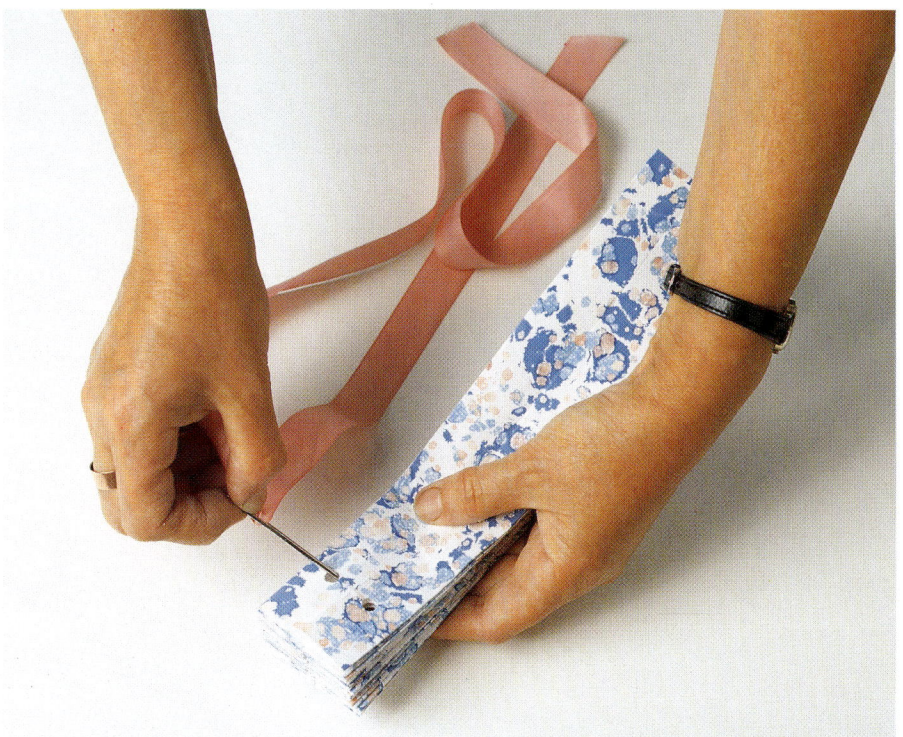

◁ Das breitere Band durch die Löcher ziehen, so daß beide Enden auf der Papier-Vorderseite liegen, später die Enden zu einer Schleife binden.

◁ Schirm mit dem Rahmen obenauf hinlegen. Mit dünnem Band und Polsternadel aneinander befestigen. Rahmen umdrehen und Falten gleichmäßig um den Rahmen verteilen.

▷ Fertiger Lampenschirm

Patchwork-Paravent

Ich liebe Paravents, vor allem solche mit Glanzbildern zum Ausschneiden, die ihren Ursprung im Viktorianischen Zeitalter haben. Zu diesem Patchwork-Modell wurde ich durch einen marmorierten Raumteiler der Malerin Catherine Church und die bunt zusammengewürfelten, 12,5 cm großen Quadrate, mit denen mein Mann unser Bad tapezierte, inspiriert. Das Projekt ist ideal für Anfänger, da Sie vermutlich noch keine großen Marmorpapier-Bögen fertigen.

Überlegen Sie vorher, wie die Felder aussehen sollen. Hier wurden Vorder- und Rückseite des Paravents unterschiedlich gestaltet, aber das Dekor kann auch gleich sein. Der erste Seitenflügel besteht aus einer Reihe 10 cm großer Quadrate, die nach demselben Muster angeordnet sind, um das Dessin zu vereinheitlichen. Am besten wählen Sie für dieses »Grundmuster« eine ziemlich dunkle Farbe, dann spielt es keine Rolle, wie bunt die dazwischenliegenden Quadrate sind oder wie viele verschiedene Dekors Sie benutzen.

Material:
- Fertiger Paravent
- Stahllineal und Bleistift
- Quadrate und Bögen Marmorpapier
- Klebstoff
- Cutter-Messer
- Borte für Oberteil und Seiten des Paravents
- Schere
- Klarlack, matt (nach Wunsch)

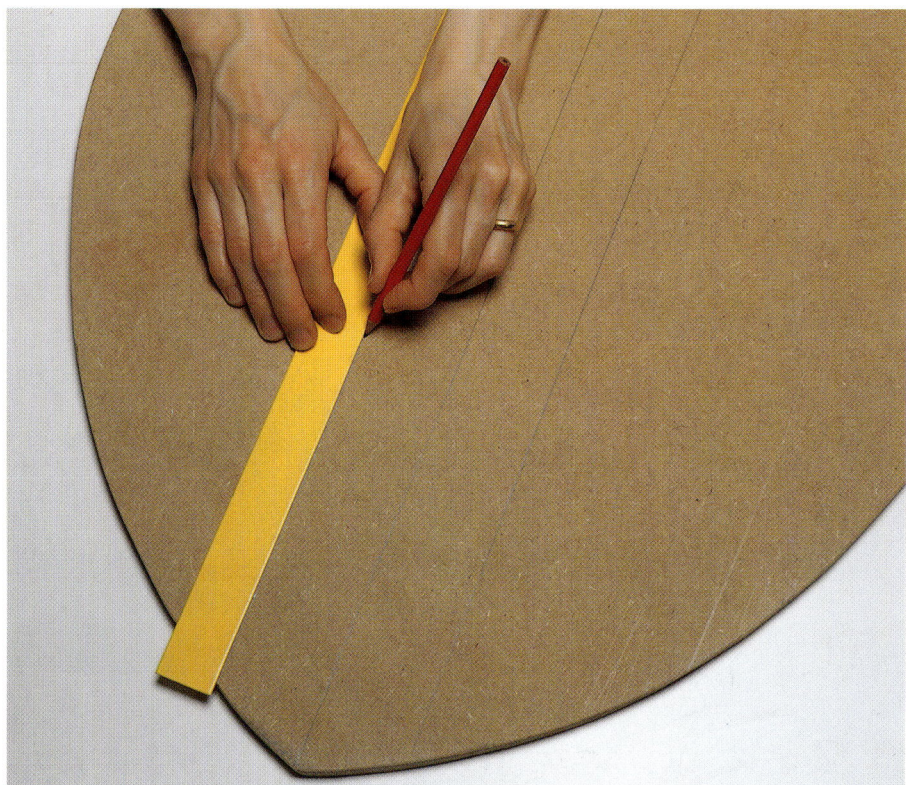

◀ *Senkrechte Mittellinie auf dem Paravent ziehen. Zwei weitere Linien, jeweils 5 cm rechts und links daneben, einzeichnen.*

▲ Marmorpapier-Quadrate auflegen und Muster ausarbeiten; Quadrate entsprechend anordnen.

◀ Das erste Quadrat oben in der Mitte aufkleben; es dient als Orientierungshilfe. Drei oder vier Quadrate an der Mittellinie nach unten kleben, dann die rechte und linke Seite füllen. Jeden Paravent-Flügel auf gleiche Weise fertigen.

◀ Überstehende Enden mit dem Cutter-Messer (im rechten Winkel zu den Paravent-Kanten halten) abschneiden.

Für die Rückseite des Paravents denselben Schritten folgen, nur größere Marmorpapier-Quadrate im selben Farbton verwenden. Ich habe sehr dünnflüssige Schlichte und ein Wirbel-Dekor gewählt; dadurch wirkt das Muster willkürlicher als die Patchwork-Vorderseite. Überstehende Kanten wie bei der Vorderseite abschneiden.

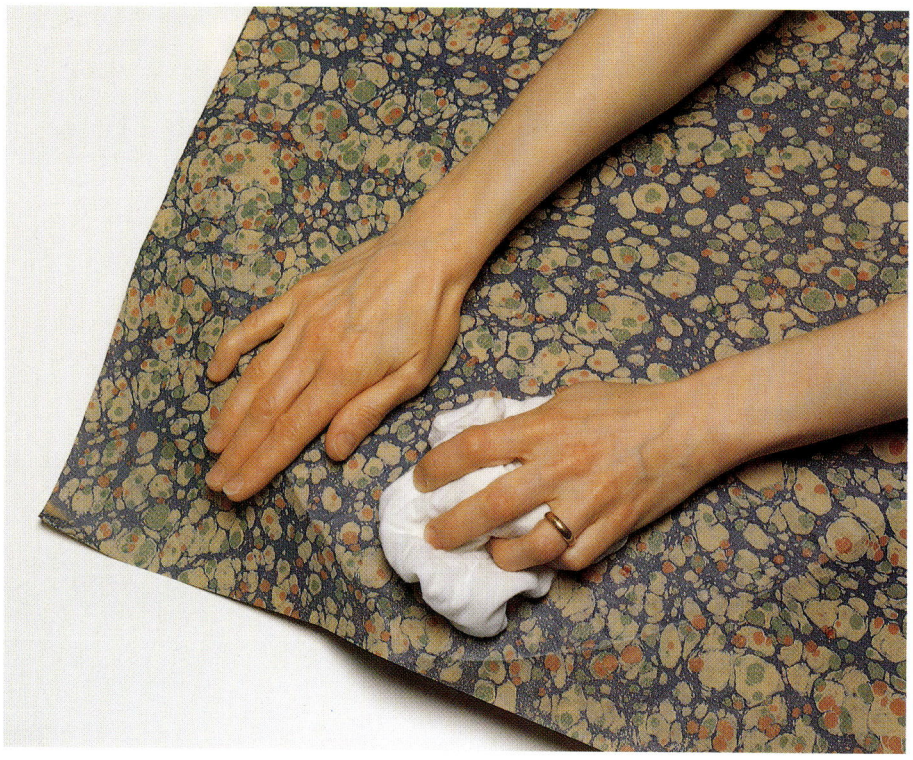

Mit Nahtband, vorzugsweise in dunkler Farbe, auf der keine Spuren zu sehen sind, die Kante des Paravents rundum versäubern. Klebstoff aufstreichen; Band an den Seiten und oben andrücken; dabei leicht dehnen und fest aufpressen. Zum Schluß den Paravent (nach Wunsch) zum Schutz mit mattem Klarlack überziehen oder mit schmutzabweisendem Sprühmittel behandeln.

▶ *Fertiger Paravent*

Tischset und Untersetzer

Diese Sets und Untersetzer, Ton in Ton oder in Komplementärfarben gefertigt, sind ein Schmuck für jeden Tisch. Die Anleitungen gelten für eckige Formen, da sie sich leichter ausschneiden lassen als runde. Sie können die Sets vollständig mit marmoriertem Papier bekleben oder Marmorpapier auf Karton kleben und rundum eine Borte malen (siehe S. 74), um die Kanten vor Abnutzung zu schützen. Die Untersetzer werden wie die Sets, nur aus kleineren Kartonstücken, hergestellt.

Material:
- Marmorpapier
- Karton für Set, 20 × 25 cm, plus erforderliche Anzahl Kartonstücke für Untersetzer, 11,5 × 8,5 cm
- Bleistift und Lineal
- Farbe
- Pinsel
- Cutter-Messer
- Klebstoff
- hitzebeständiger Klarlack

Set mit Marmorpapier

◁ *Kanten mit Goldfarbe einfassen. Lineal benutzen, damit die Linie gerade und in gleichmäßigem Abstand von der Kante verläuft.*

◂ *Mit dem Cutter-Messer Marmorpapier, eine Spur kleiner als das Set, zuschneiden.*

◂ *Papier auf der unmarmorierten Seite mit Klebstoff bestreichen und glätten, um Knitterfalten oder Luftblasen zu entfernen. Nach Trocknen des Klebstoffs die Oberseite und Kanten mit zwei Klarlack-Schichten überziehen; darauf achten, daß keine Borsten auf dem Lack bleiben.*

Set mit Marmorumrandung

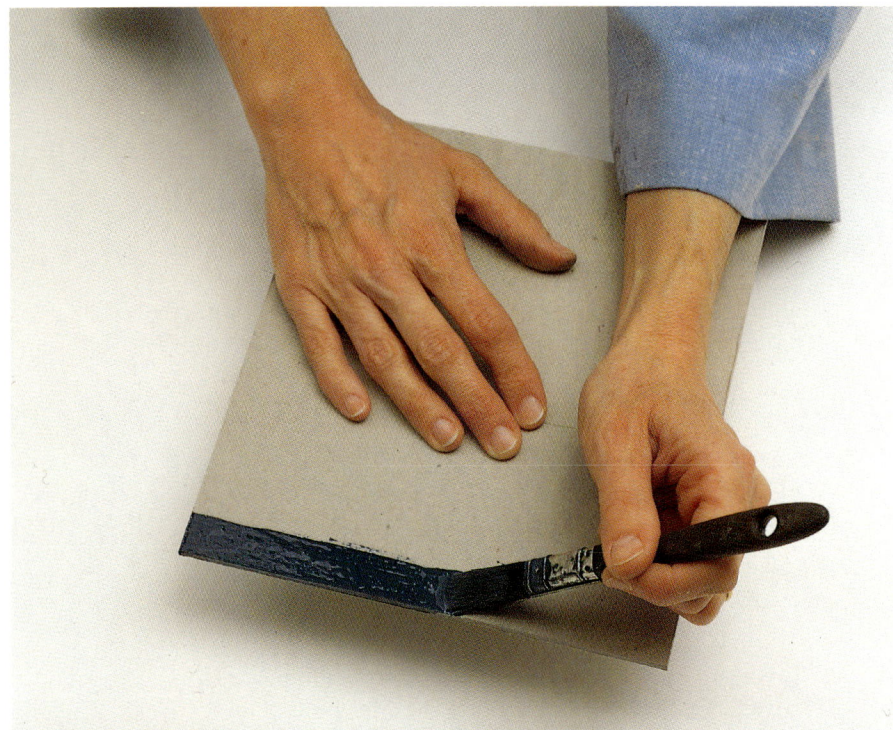

◁ Als erstes die Breite der Umrandung festlegen. Mit Lineal und Bleistift in 2,5 cm Abstand rund um die Innenkanten des Kartons eine Linie ziehen. Falls nötig, diese Umrandung grundieren und in einer Farbe passend zum Marmorierpapier ausmalen. Trocknen lassen.

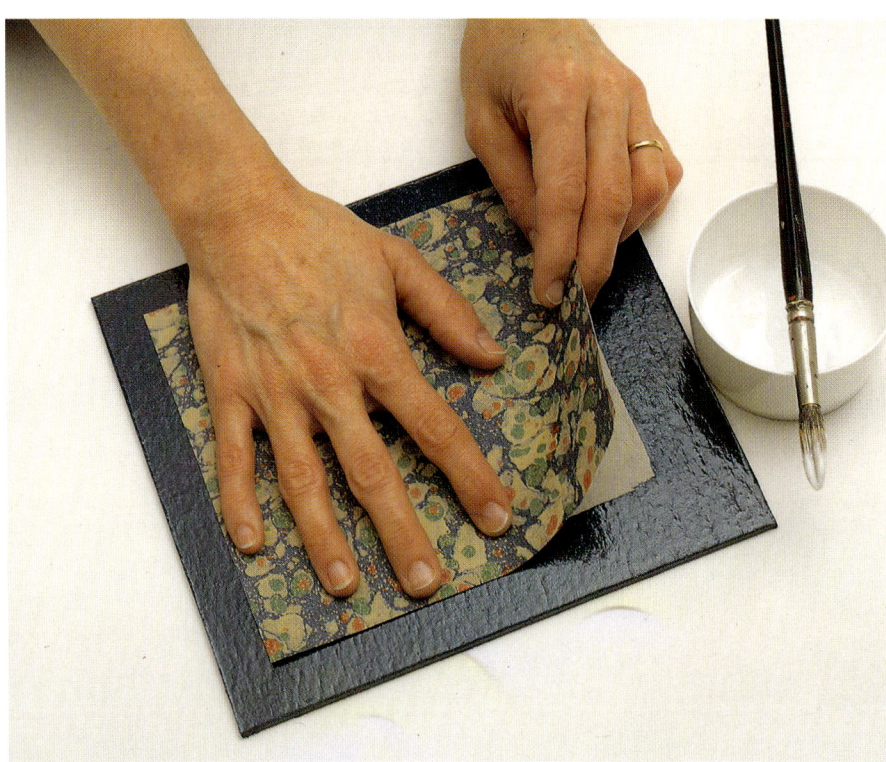

◁ In der Zwischenzeit ein 18 × 20,5 cm großes Marmorpapier-Stück ausschneiden; die Rückseite mit Klebstoff bestreichen. Papier ganz gerade auf das Set legen. Nach Trocknen des Klebstoffs die Oberseite und Kanten mit zwei Klarlack-Schichten überziehen. Darauf achten, daß keine Borsten auf dem Lack bleiben.

▷ *Fertige Sets und Untersetzer*

Seidentuch

Beim Fertigen dieses duftigen Seidentuchs können Sie Ihr Geschick im Marmorieren auf Stoff testen. Sobald Sie das Dekor aufgebracht und die Farben fixiert haben, ist das Gros der Arbeit getan; es kann jedoch knifflig werden, Seide zu nähen. Verwenden Sie Stecknadeln von guter Qualität, oder heften Sie die Säume, wie unten beschrieben.

Material:
- Marmorierte Seide, quadratisch
- Ausrüstung und Material für das Marmorieren auf Seide (siehe Seite 28/29)
- Nadel und Faden
- Stecknadeln
- Bügeleisen

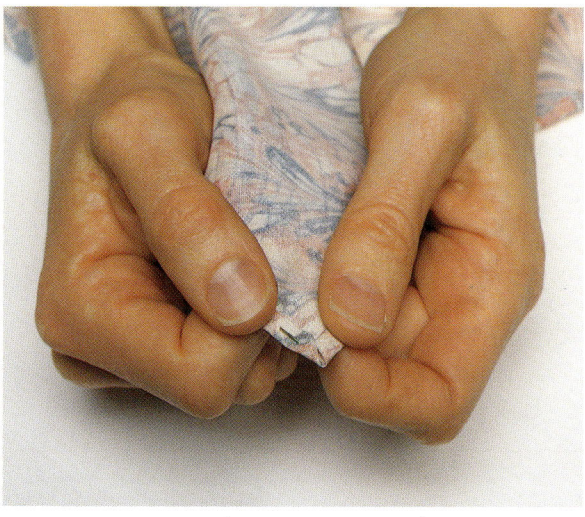

◤ *Die vier unversäuberten Kanten nach innen einschlagen; Ecken, wie oben abgebildet, legen und bügeln. Erneut umschlagen und Saum mit Stecknadeln oder Heftstichen fixieren.*

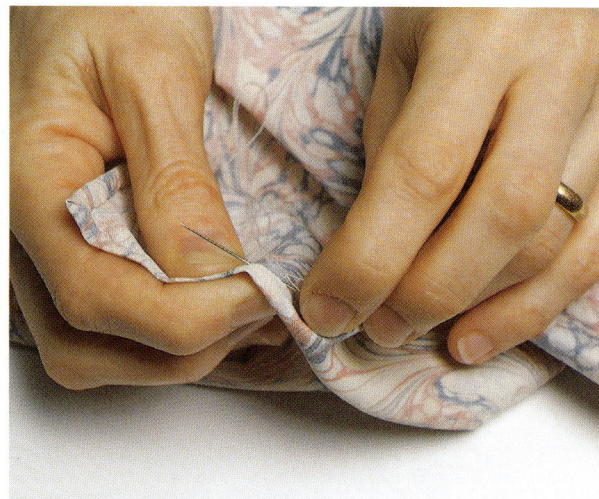

◤ *Saum von Hand mit feiner Nadel und dünnem Faden in kleinen, sauberen Stichen nähen. Oder mit der Maschine im geraden oder Zickzackstich säumen.*

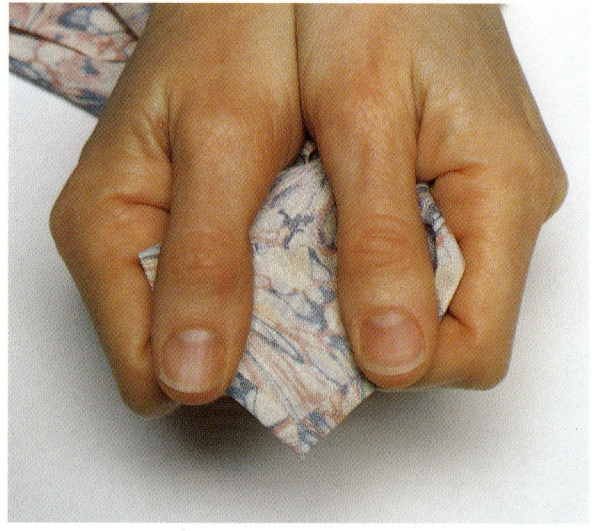

◤ *Stecknadeln oder Heftfaden entfernen; mit Bügeleisen auf niedrigster Stufe scharfe Kante einbügeln.*

Projekte

Register

A
Abdrucke 21
　nehmen 24, 25
Alaun 12
Alaunlösung 20, 21
Ausrüstung und Material
　12–17

B
Bilderrahmen 46, 54
Bleistiftbehältnis 44
Bleistifte, marmorierte
　44
Briefpapier 48–50

C
Cocktailstäbchen 17
Compton Marbling,
　Geschichte von 8, 9

D
Dekor
　Feder-, 37
　mit feinzinkigem Kamm
　　36
　mit grobem Kamm 34,
　　35

E
Ebru-Papier 6

F
Farben, 16
　anrühren 21
　Gold 42
　Marmorieren auf Stoff
　　28, 29
　Öl, verdünnen 16
　Pinsel 13
　richtig benutzen 33

Schwimmen 20
Silber 42
Tiegel 13
Treibkraft 33
Verteilung 21, 33
wasserlösliche 20
zugeben 22, 23

G
Geschenkpapier 42
Getöntes Papier 16, 17
Goldfarbe 42
Grundtechniken
　Karragheenmoos,
　　Marmorieren auf
　　26, 27
　Stoff, Marmorieren auf
　　28, 29
　Schlichte aus Marmo-
　　rierpulver, Marmo-
　　rieren auf 22–25
Grußkarten 46

H
Hutschachtel 56–58

K
Kämme, herstellen 14
Kamm-Muster 32
Karragheenmoos-Grund
　27
　Ansetzen von 27
　Konsistenz 27
　Marmorieren auf 26
　Temperatur, Bedeutung
　　27
　Verwendung von 26
Karton, Briefmappe
　48–50
Karton, Grußkarten aus 46
Kerzenschirm 60–62

L
Lampenschirm 64–66

M
Marmorieren
　auf Stoff 28–29
　Geheimnis um 6
　kurze Geschichte 6–9
　Wiedergeburt 6, 8
Marmoriergrund 17
　ansetzen 22
Marmorierpulver, Fertig-
　produkt 26
　Karragheenmoos 26
　Stoff auflegen 28, 29
Marmorierwanne 15
　Farbauftrag 20
Material
　Alaun, 12
　Diagramm 12
　Farben 16
　Kämme 14
　Marmoriergrund
　　(Schlichte) 17
　Marmorierwanne 15, 16
　Ochsengalle 16
　Papiersorten 16, 17
　Pinsel 13
　Pipette 13
　Stäbchen/Stricknadel 17
　Tiegel, zum Mischen 13
　Tisch 12
　Trockengestell 15
Material und Ausrüstung
　12–7
Muster 21
　Dekor mit feinzinkigem
　　Kamm 36, 37
　mit grobem Kamm
　　34, 35
　Experimentieren mit 30
　Feder-Dekor 37
　Kamm-Muster 32

Palette der Muster 32
Probleme 32
Spritz-Dekor 30, 31
Stäbchen, benutzen 17
Wirbel-Muster 31, 33
Wolken-Dekor 39

O
Ochsengalle, 16

P
Packpapier
　Experimentieren mit
　　16, 17
Papier 16,17
　Geschenke verpacken
　　42
　Luftblasen 21
　Pack 17
　Streifen 17
　strukturiertes 17
　trocknen 25
　unbeschichtetes 17
　zart getöntes 16, 17
Paravent, Patchwork
　68–70
Pinsel 13
Pipette 13
Probleme lösen 32
Projekte
　Bilderrahmen 54
　Bleistift-Behältnis 44
　Briefmappe und Brief-
　　papier 48–50
　Geschenkpapier 42
　Grußkarten 46
　Hutschachtel 56–58
　Kerzenschirm 60–62
　Lampenschirm 64–66
　Paravent, Patchwork
　　68–70
　Seidentuch 76

Tablett, dekoratives 52
Tischset und Unter-
  setzer 72–74

S
Seidentuch 76
Silberfarbe 42
Spritz-Technik 30, 31

Stäbchen 17
  benutzen 31
Stoff, Marmorieren auf
  auflegen 28, 29
  Farben für 28, 29
  Fixieren 29
  Waschen 28
Strukturiertes Papier 17
Suminagashi-Papiere 6

T
Tablett, dekoratives 52
Tiegel, zum Mischen 13
Tischset 72–74
Treibkraft der Farben,
  geringe 33
  starke 33
Trockengestell 15
Trocknen 25

U
Unbeschichtetes Papier 17
Untersetzer 72–74

W
Waschen der Stoffe 28
Wirbelmuster 24, 31, 33
Wolken-Dekor 39

Danksagung

Ich möchte folgenden Personen für ihre Hilfe und Ermutigung danken: Yvonne Kellock, Chris Newton, David Burnett, Jon Bouchier und ganz besonders Chris Wallis (Compton Marbling) und Miren Lopategui (Lektorat).

Dank schulde ich auch meinem Mann Humphrey und meiner Tochter Angelica Cotterell für ihre ungeheure, unschätzbar wertvolle Unterstützung.